Indyjska Kuchnia

Tajemnice Aromatów i Smaków

Marta Kowalska

Zawartość

Naleśniki warzywne 18
    Składniki 18
    metoda 19
Bhel Kiełkuje Fasola 20
    Składniki 20
    Do przybrania : 20
    metoda 21
Aloo Kachori 22
    Składniki 22
    metoda 22
Dieta 23
    Składniki 23
    metoda 23
Rolada odżywcza 25
    Składniki 25
    metoda 26
Sabudana Palak Doodhi Uttapam 27
    Składniki 27
    metoda 28
Poha 29
    Składniki 29
    metoda 30
Eskalopka warzywna 31

Składniki 31
    metoda 32
Sojowy Uppit 33
    Składniki 33
    metoda 34
Upma 35
    Składniki 35
    metoda 36
Wermiszel Upma 37
    Składniki 37
    metoda 38
Bonda 39
    Składniki 39
    metoda 40
Natychmiastowa Dhokla 41
    Składniki 41
    metoda 42
Dal Maharani 43
    Składniki 43
    metoda 44
Milagu Kuzhambu 45
    Składniki 45
    metoda 46
Dhal Hariyali 47
    Składniki 47
    metoda 48
Dhalcha 49

Składniki 49

metoda 50

Tarkari Dhalcha 51

Składniki 51

metoda 52

Dhokar Dhalna 53

Składniki 53

metoda 53

Monitoruj jaszczurkę 55

Składniki 55

metoda 55

Słodki Dal 56

Składniki 56

metoda 57

Słodko-kwaśny dhal 58

Składniki 58

metoda 59

Mung-ni-Dhal 60

Składniki 60

metoda 61

Dhal z cebulą i kokosem 62

Składniki 62

metoda 63

Dahi Kadhi 64

Składniki 64

metoda 65

Dhal szpinakowy 66

Składniki 66

metoda 67

Tawker Dhal 68

Składniki 68

metoda 69

Podstawowy Dhal 70

Składniki 70

metoda 71

Maa-ki-Dhal 72

Składniki 72

metoda 73

Dhansak 74

Składniki 74

W przypadku mieszanki dhal: 74

metoda 75

Masoor Dhal 76

Składniki 76

metoda 76

Panchemel Dhal 77

Składniki 77

metoda 78

Cholar Dhal 79

Składniki 79

metoda 80

Dilpasand Dhal 81

Składniki 81

metoda 82

Dal Masoor 83
    Składniki 83
    metoda 84
Dal z bakłażana 85
    Składniki 85
    metoda 86
Żółty Dhal Tadka 87
    Składniki 87
    metoda 88
Rasam 89
    Składniki 89
    Na mieszankę przypraw: 89
    metoda 90
Prosty Mung Dhal 91
    Składniki 91
    metoda 91
Cały zielony mung 92
    Składniki 92
    metoda 93
Dahi Kadhi z Pakorasem 94
    Składniki 94
    Dla kadhi: 94
    metoda 95
Słodki dhal z niedojrzałym mango 96
    Składniki 96
    metoda 97
Malai Dhal 98

- Składniki 98
- metoda 99
- Sambhar 100
  - Składniki 100
  - Do Przyprawienia: 100
  - metoda 101
- Trzy dale 102
  - Składniki 102
  - metoda 103
- Methi-Podudzie Sambhar 104
  - Składniki 104
  - metoda 105
- Dal Shorba 106
  - Składniki 106
  - metoda 107
- Pyszne mungi 108
  - Składniki 108
  - metoda 109
- Masala Toor Dhal 110
  - Składniki 110
  - metoda 111
- Suchy żółty Mung Dhal 112
  - Składniki 112
  - metoda 112
- Cały Urad 113
  - Składniki 113
  - metoda 114

Dal Fry 115
    Składniki 115
    metoda 116
Nadziewany bakłażan 117
    Składniki 117
    metoda 117
Sarson ka Saag 119
    Składniki 119
    metoda 120
Suflet Marchwiowy 121
    Składniki 121
    metoda 122
Ziemniak Tandoori 123
    Składniki 123
    metoda 123
Curry kukurydziane 125
    Składniki 125
    metoda 126
Masala z zielonego pieprzu 127
    Składniki 127
    metoda 128
Butelka bez oleju 129
    Składniki 129
    metoda 129
Jogurt okra 130
    Składniki 130
    metoda 131

Karela smażyła 132
    Składniki 132
    metoda 133
Kapusta z groszkiem 134
    Składniki 134
    metoda 134
Ziemniaki z sosem pomidorowym 135
    Składniki 135
    metoda 135
Matar Palak 136
    Składniki 136
    metoda 137
Masala z kapusty 138
    Składniki 138
    metoda 139
Curry z bakłażana 140
    Składniki 140
    metoda 141
Simla Mirch ka Bharta 142
    Składniki 142
    metoda 143
Szybkie curry z tykwy butelkowej 144
    Składniki 144
    metoda 144
Curry Kaala Chana 145
    Składniki 145
    metoda 146

Kalina 147
    Składniki 147
    metoda 148
Kalafior Tandoori 149
    Składniki 149
    metoda 149
Pikantna Kaala Chana 150
    Składniki 150
    metoda 151
Tur Dhal Kofta 152
    Składniki 152
    metoda 152
Kalafior Shahi 153
    Składniki 153
    metoda 154
Okra Gojju 155
    Składniki 155
    metoda 155
Yam w zielonym sosie 156
    Składniki 156
    Na sos: 156
    metoda 157
Simla Mirch ki Sabzi 158
    Składniki 158
    metoda 159
Curry z kalafiora 160
    Składniki 160

metoda 160
Haak 161
 Składniki 161
 metoda 162
Suszony kalafior 163
 Składniki 163
 metoda 163
Korma warzywna 164
 Składniki 164
 metoda 165
Smażony bakłażan 166
 Składniki 166
 Na marynatę: 166
 metoda 166
Curry z czerwonych pomidorów 167
 Składniki 167
 metoda 168
Curry Aloo Matar 169
 Składniki 169
 metoda 170
Badshahi Baingana 171
 Składniki 171
 metoda 172
Ziemniaki z Garam Masalą 173
 Składniki 173
 metoda 173
Tamil Korma 174

Składniki 174
Na mieszankę przypraw: 174
metoda 175
Suszony bakłażan z cebulą i ziemniakami 176
Składniki 176
metoda 176
Koftasa Lajawaba 177
Składniki 177
Dla kofty: 177
metoda 178
Teekha Baingan Masala 179
Składniki 179
metoda 179
Kofta warzywna 180
Składniki 180
metoda 181
Sucha dynia 182
Składniki 182
metoda 182
Różne warzywa z kozieradką 183
Składniki 183
metoda 184
Dum Gobhi 185
Składniki 185
metoda 185
Chole 186
Składniki 186

metoda 187
Curry z bakłażana z cebulą i ziemniakami 188
    Składniki 188
    metoda 189
Prosta tykwa z butelki 190
    Składniki 190
    metoda 190
Mieszanka curry warzywna 191
    Składniki 191
    metoda 192
Suszone warzywa mieszane 193
    Składniki 193
    metoda 194
Ziemniaki i suszony groszek 195
    Składniki 195
    metoda 195
Dhokar Dhalna 196
    Składniki 196
    metoda 197
Pikantne Smażone Ziemniaki 198
    Składniki 198
    metoda 198
Gotowana dynia gramowa 199
    Składniki 199
    metoda 200
Dum Aloo 201
    Składniki 201

Na ciasto: 201

metoda 202

Makkhanwala warzywna 203

Składniki 203

metoda 203

Fasolka szparagowa z mung dhal 205

Składniki 205

metoda 205

Pikantne ziemniaki z sosem jogurtowym 206

Składniki 206

metoda 207

Faszerowana zielona papryka 208

Składniki 208

metoda 209

Doi Phulkopi Aloo 210

Składniki 210

metoda 211

Zielony Pieprz Z Besan 212

Składniki 212

metoda 212

Bakłażan Z Groszkiem 213

Składniki 213

metoda 214

Bandakopir Ghonto 215

Składniki 215

metoda 216

Naleśniki warzywne

Daje 12

Składniki

2 łyżki proszku z maranty

4-5 dużych ziemniaków, ugotowanych i startych

1 łyżka rafinowanego oleju roślinnego plus trochę więcej do smażenia

125 g besanu*

25 g/1 uncja trochę świeżego kokosa, startego

4-5 orzechów nerkowca

3-4 rodzynki

125 g mrożonego groszku, gotowanego

2 łyżeczki suszonych nasion granatu

2 łyżeczki grubo mielonej kolendry

1 łyżeczka nasion kopru włoskiego

½ łyżeczki mielonego czarnego pieprzu

½ łyżeczki chili w proszku

1 łyżeczka amchooru*

½ łyżeczki soli kamiennej

Sól dla smaku

metoda

- Zagnieść marantę, ziemniaki i 1 łyżkę oleju. Odłożyć.

- Aby przygotować nadzienie, wymieszaj pozostałe składniki oprócz oleju.

- Ciasto ziemniaczane dzielimy na okrągłe naleśniki. Na środek każdego kotlecika nałóż łyżkę farszu. Zamknij je jak kieszeń i spłaszcz.

- W rondlu rozgrzać pozostały olej. Smażyć placki na małym ogniu, aż uzyskają złoty kolor. Podawać na gorąco.

Bhel Kiełkuje Fasola

(Słona przekąska z kiełkami fasoli)

Dla 4 osób

Składniki

100 g kiełków fasoli mung, ugotowanych

250 g/9 uncji kaala chana*, gotowany

3 duże ziemniaki, ugotowane i posiekane

2 duże pomidory, drobno posiekane

1 średniej wielkości cebula, posiekana

Sól dla smaku

Do przybrania :

2 łyżki chutneyu miętowego

2 łyżki gorącego, słodkiego chutneyu z mango

4-5 łyżek jogurtu

100 g chipsów ziemniaczanych, pokruszonych

10 g posiekanych liści kolendry

metoda

- Wymieszaj ze sobą wszystkie składniki oprócz składników na nadzienie.
- Udekoruj w kolejności podanej w składnikach. Natychmiast podawaj.

Aloo Kachori

(Smażona kluska ziemniaczana)

Daje 15

Składniki

350 g mąki pełnoziarnistej

1 łyżka rafinowanego oleju roślinnego plus trochę więcej do smażenia

1 łyżeczka nasion ajwain

Sól dla smaku

5 ziemniaków, ugotowanych i zmiksowanych

2 łyżeczki chili w proszku

1 łyżka posiekanych liści kolendry

metoda

- Zagnieść mąkę, 1 łyżkę oleju, nasiona ajwain i sól. Podziel na kulki wielkości limonki. Każdą z nich spłaszcz w dłoniach i odłóż na bok.
- Wymieszaj ziemniaki, chili w proszku, liście kolendry i odrobinę soli.
- Porcję tej mieszanki połóż na środku każdego kotleta. Zamknij, ściskając krawędzie razem.
- Rozgrzej olej na patelni. Smażyć kachoris na średnim ogniu na złoty kolor. Odcedź i podawaj na gorąco.

Dieta

(Dietetyczny naleśnik)

Daje 12

Składniki

300 g/10 uncji mung dhal*, namoczone w 250 ml wody przez 3-4 godziny

3-4 zielone chilli

Korzeń imbiru o długości 2,5 cm

100 g semoliny

1 łyżka kwaśnej śmietany

50 g posiekanych liści kolendry

6 liści curry

Rafinowany olej roślinny do smarowania

Sól dla smaku

metoda

- Wymieszaj dhal z zielonymi chilli i imbirem. Zmiel razem.
- Dodaj semolinę i śmietanę. Dobrze wymieszaj. Dodaj liście kolendry, liście curry i tyle wody, aby uzyskać gęstą pastę.

- Nasmaruj masłem płaską patelnię i podgrzej ją. Na wierzch wylewamy 2 łyżki ciasta i rozprowadzamy grzbietem łyżki. Gotuj przez 3 minuty na małym ogniu. Wróć i powtórz.
- Powtórzyć z resztą ciasta. Podawać na gorąco.

Rolada odżywcza

Daje 8-10

Składniki

200 g szpinaku, drobno posiekanego

1 marchewka, drobno posiekana

125 g mrożonego groszku

50 g kiełków fasoli mung

3-4 duże ziemniaki, ugotowane i zmiksowane

2 duże cebule, drobno posiekane

½ łyżeczki pasty imbirowej

½ łyżeczki pasty czosnkowej

1 zielona papryczka chili, drobno posiekana

½ łyżeczki amchooru*

Sól dla smaku

½ łyżeczki chili w proszku

3 łyżki drobno posiekanych liści kolendry

Rafinowany olej roślinny do płytkiego smażenia

8-10 chapati

2 łyżki gorącego, słodkiego chutneyu z mango

metoda

- Ugotuj razem szpinak, marchewkę, groszek i fasolę mung.
- Warzywa gotowane na parze wymieszaj z ziemniakami, cebulą, pastą imbirową, pastą czosnkową, zielonym chili, amchoorem, solą, chili w proszku i liśćmi kolendry. Dobrze ugniataj, aby uzyskać gładką mieszankę.
- Z powstałej mieszanki uformuj małe kotlety.
- Rozgrzej olej w rondlu. Smażyć kotlety na średnim ogniu, aż uzyskają złoty kolor. Odcedź i zachowaj.
- Rozsmaruj gorący, słodki chutney z mango na chapatti. Połóż kotlet na środku i zwiń chapatti.
- Powtórz tę czynność dla wszystkich chapatiti. Podawać na gorąco.

Sabudana Palak Doodhi Uttapam

(Naleśnik z sago, szpinakiem i tykwą butelkową)

Daj 20

Składniki

1 łyżeczka toor dhal*

1 łyżeczka mung dahalu*

1 łyżeczka fasoli urad*

1 łyżeczka masoor dhal*

3 łyżeczki ryżu

100 g grubo zmielonego sago

50 g szpinaku, gotowanego na parze i mielonego

gurda*, tarty

125 g besanu*

½ łyżeczki mielonego kminku

1 łyżeczka liści mięty, drobno posiekanych

1 zielona papryczka chili, drobno posiekana

½ łyżeczki pasty imbirowej

Sól dla smaku

100 ml wody

Rafinowany olej roślinny do smażenia

metoda

- Zmiel razem toor dhal, mung dhal, fasolę urad, masoor dhal i ryż. Odłożyć.
- Namocz sago przez 3 do 5 minut. Całkowicie odcedź.
- Wymieszaj z mieszaniną dhal i mielonego ryżu.
- Dodaj szpinak, tykwa butelkowa, besan, mielony kminek, liście mięty, zielone chili, pasta imbirowa, sól i tyle wody, aby uzyskać gęstą pastę. Odstawić na 30 minut.
- Nasmaruj patelnię masłem i podgrzej. Do formy wlewamy 1 łyżkę ciasta i rozprowadzamy ją grzbietem łyżki.
- Przykryj i smaż na średnim ogniu, aż spód będzie jasnobrązowy. Wróć i powtórz.
- Powtórzyć z resztą ciasta. Podawać na gorąco z ketchupem pomidorowym lub chutneyem z zielonego kokosa

Poha

Dla 4 osób

Składniki

150 g/5½ uncji poha*

1 ½ łyżki rafinowanego oleju roślinnego

½ łyżeczki nasion kminku

½ łyżeczki nasion gorczycy

1 duży ziemniak, drobno posiekany

2 duże cebule, pokrojone w cienkie plasterki

5-6 zielonych chilli, drobno posiekanych

8 liści curry, grubo posiekanych

łyżeczka kurkumy

45 g prażonych orzeszków ziemnych (opcjonalnie)

25 g/1 uncja świeżego kokosa, startego lub zeskrobanego

10 g/¼ uncji liści kolendry, drobno posiekanych

1 łyżeczka soku z cytryny

Sól dla smaku

metoda

- Dobrze umyj poha. Całkowicie spuść wodę i odłóż poha na durszlak na 15 minut.
- Delikatnie rozluźnij grudki poha palcami. Odłożyć.
- Rozgrzej olej w rondlu. Dodaj kminek i nasiona gorczycy. Pozwól im pluć przez 15 sekund.
- Dodaj pokrojone ziemniaki. Smażyć na średnim ogniu przez 2-3 minuty. Dodaj cebulę, zielone chilli, liście curry i kurkumę. Gotuj, aż cebula będzie przezroczysta. Zdjąć z ognia.
- Dodaj poha, prażone orzeszki ziemne i połowę startego kokosa oraz liście kolendry. Mieszaj, aby dobrze wymieszać.
- Skropić sokiem z cytryny i solą. Gotuj na małym ogniu przez 4-5 minut.
- Udekoruj pozostałymi liśćmi kokosa i kolendry. Podawać na gorąco.

Eskalopka warzywna

Daje 10-12

Składniki

2 cebule, drobno posiekane

5 ząbków czosnku

łyżeczka nasion kopru włoskiego

2-3 zielone chilli

10 g/¼ uncji liści kolendry, drobno posiekanych

2 duże marchewki, drobno posiekane

1 duży ziemniak, drobno posiekany

1 mały burak, drobno posiekany

50 g zielonej fasolki, drobno posiekanej

50 g/1¾ uncji zielonego groszku

900 ml/1½ litra wody

Sól dla smaku

łyżeczka kurkumy

2-3 łyżki besan*

1 łyżka rafinowanego oleju roślinnego plus trochę więcej do smażenia

50 g bułki tartej

metoda

- Zmiel 1 cebulę, czosnek, nasiona kopru włoskiego, zielone chilli i liście kolendry na gładką pastę. Odłożyć.
- Połącz marchewkę, ziemniaki, buraki, fasolkę szparagową i groszek w rondlu. Dodać 500 ml wody, sól i kurkumę i gotować na średnim ogniu, aż warzywa będą miękkie.
- Warzywa dobrze rozgnieć i odłóż na bok.
- Wymieszaj besan i pozostałą wodę, aby uzyskać gładką pastę. Odłożyć.
- W rondlu rozgrzej 1 łyżkę oleju. Dodaj pozostałą cebulę i smaż, aż będzie przezroczysta.
- Dodać pastę cebulowo-czosnkową i smażyć przez minutę na średnim ogniu, ciągle mieszając.
- Dodać przecier warzywny i dobrze wymieszać.
- Zdjąć z ognia i ostudzić.
- Podziel tę mieszaninę na 10-12 kulek. Rozpłaszczyć między dłońmi, tworząc kotleciki.
- Kotlety maczaj w cieście i obtaczaj w bułce tartej.
- Rozgrzej olej na patelni. Smażyć placki z obu stron na złoty kolor.
- Podawać gorące z ketchupem.

Sojowy Uppit

(Przekąska sojowa)

Dla 4 osób

Składniki

1 ½ łyżki rafinowanego oleju roślinnego

½ łyżeczki nasion gorczycy

2 zielone chilli, drobno posiekane

2 czerwone papryki, drobno posiekane

Szczypta asafetydy

1 duża cebula, drobno posiekana

2,5 cm korzeń imbiru, w julienne

10 ząbków czosnku, drobno posiekanych

6 liści curry

100 g/3½ uncji mączki sojowej*, pieczone na sucho

100 g semoliny, prażonej na sucho

200 g groszku

500 ml gorącej wody

łyżeczka kurkumy

1 łyżeczka cukru

1 łyżeczka soli

1 duży pomidor, drobno posiekany

2 łyżki liści kolendry, drobno posiekanych

15 rodzynek

10 orzechów nerkowca

metoda

- Rozgrzej olej w rondlu. Dodaj nasiona gorczycy. Pozwól im pluć przez 15 sekund.
- Dodaj zielone chili, czerwone chili, asafetydę, cebulę, imbir, czosnek i liście curry. Gotuj na średnim ogniu przez 3 do 4 minut, często mieszając.
- Dodaj mąkę sojową, semolinę i groszek. Gotuj, aż oba rodzaje semoliny staną się złotobrązowe.
- Dodaj gorącą wodę, kurkumę, cukier i sól. Gotuj na średnim ogniu, aż woda wyschnie.
- Udekoruj pomidorem, liśćmi kolendry, rodzynkami i orzechami nerkowca.
- Podawać na gorąco.

Upma

(Danie śniadaniowe z kaszy manny)

Dla 4 osób

Składniki

1 łyżka ghee

150 g semoliny

1 łyżka rafinowanego oleju roślinnego

łyżeczka nasion gorczycy

1 łyżeczka urad dhal*

3 zielone chilli, przekrojone wzdłuż

8-10 liści curry

1 średniej wielkości cebula, drobno posiekana

1 średniej wielkości pomidor, drobno posiekany

750 ml/1¼ litra wody

1 czubata łyżeczka cukru

Sól dla smaku

50 g groszku konserwowego (opcjonalnie)

25 g/kilka liści kolendry, drobno posiekanych

metoda

- Podgrzej ghe na patelni. Dodać semolinę i smażyć, często mieszając, aż kasza manna nabierze złotobrązowego koloru. Odłożyć.
- Rozgrzej olej w rondlu. Dodaj nasiona gorczycy, urad dhal, zielone chilli i liście curry. Smażyć, aż urad dhal zmieni kolor na brązowy.
- Dodaj cebulę i smaż na małym ogniu, aż będzie przezroczysta. Dodać pomidora i smażyć kolejne 3-4 minuty.
- Dodaj wodę i dobrze wymieszaj. Gotuj na średnim ogniu, aż mieszanina zacznie wrzeć. Dobrze wymieszaj.
- Dodać cukier, sól, semolinę i groszek. Dobrze wymieszaj.
- Gotuj na małym ogniu, ciągle mieszając, przez 2-3 minuty.
- Udekorować listkami kolendry. Podawać na gorąco.

Wermiszel Upma

(Wermiszel cebulowy)

Dla 4 osób

Składniki

3 łyżki rafinowanego oleju roślinnego

1 łyżeczka mung dahalu*

1 łyżeczka urad dhal*

łyżeczka nasion gorczycy

8 liści curry

10 orzeszków ziemnych

10 orzechów nerkowca

1 średni ziemniak, drobno posiekany

1 duża marchewka, drobno posiekana

2 zielone chilli, drobno posiekane

Korzeń imbiru 1 cm/½, drobno posiekany

1 duża cebula, drobno posiekana

1 pomidor, drobno posiekany

50 g/1¾ uncji mrożonego groszku

Sól dla smaku

1 litr/1¾ pinty wody

200 g wermiszelu

2 łyżki ghee

metoda

- Rozgrzej olej w rondlu. Dodaj mung dhal, urad dhal, nasiona gorczycy i liście curry. Pozwól im pluć przez 30 sekund.
- Dodaj orzeszki ziemne i orzechy nerkowca. Smażyć na średnim ogniu aż do złotego koloru.
- Dodaj ziemniaka i marchewkę. Smaż przez 4-5 minut.
- Dodać papryczki chili, imbir, cebulę, pomidor, groszek i sól. Gotuj na średnim ogniu, często mieszając, aż warzywa będą miękkie.
- Dodać wodę i doprowadzić do wrzenia. Dobrze wymieszaj.
- Dodać wermiszel, ciągle mieszając, aby uniknąć grudek.
- Przykryj pokrywką i gotuj na małym ogniu przez 5-6 minut.
- Dodaj ghee i dobrze wymieszaj. Podawać na gorąco.

Bonda

(Kotlet ziemniaczany)

Daj 10

Składniki

5 łyżek rafinowanego oleju roślinnego plus dodatkowa ilość do smażenia

½ łyżeczki nasion gorczycy

2,5 mm/1 korzeń imbiru, drobno posiekany

2 zielone chilli, drobno posiekane

50 g drobno posiekanych liści kolendry

1 duża cebula, drobno posiekana

4 średnie ziemniaki, ugotowane i zmiksowane

1 duża marchewka, drobno posiekana i ugotowana

125 g groszku konserwowego

Szczypta kurkumy

Sól dla smaku

1 łyżeczka soku z cytryny

250 g besan*

200 ml wody

½ łyżeczki proszku do pieczenia

metoda

- W rondlu rozgrzać 4 łyżki oleju. Dodaj nasiona gorczycy, imbir, zielone chilli, liście kolendry i cebulę. Smażyć na średnim ogniu, od czasu do czasu mieszając, aż cebula się zrumieni.
- Dodać ziemniaki, marchewkę, groszek, kurkumę i sól. Gotuj na małym ogniu przez 5 do 6 minut, od czasu do czasu mieszając.
- Skropić sokiem z cytryny i podzielić masę na 10 kulek. Odłożyć.
- Wymieszaj fasolę besan, wodę i drożdże z 1 łyżką oleju, aby przygotować ciasto.
- Rozgrzej olej w rondlu. Każdą kulkę ziemniaczaną zanurzamy w cieście i smażymy na średnim ogniu na złoty kolor.
- Podawać na gorąco.

Natychmiastowa Dhokla

(Ciasto błyskawiczne na parze, pikantne)

Wydajność 15-20

Składniki

250 g besan*

1 łyżeczka soli

2 łyżki cukru

2 łyżki rafinowanego oleju roślinnego

½ łyżki soku z cytryny

240 ml/8 uncji wody

1 łyżka proszku do pieczenia

1 łyżeczka nasion gorczycy

2 zielone chilli, przekrojone wzdłuż

Kilka liści curry

1 łyżka wody

2 łyżki liści kolendry, drobno posiekanych

1 łyżka świeżego kokosa, startego

metoda

- Wymieszaj besan, sól, cukier, 1 łyżkę oleju, sok z cytryny i wodę, aby uzyskać gładką pastę.
- Okrągłą formę do ciasta o średnicy 20 cm wysmaruj masłem.
- Do ciasta dodać proszek do pieczenia. Dokładnie wymieszaj i od razu wylej do wysmarowanej masłem formy. Paruj przez 20 minut.
- Nakłuj widelcem i sprawdź, czy jest gotowe. Jeśli widelec nie wyjdzie czysty, ponownie gotuj na parze przez 5 do 10 minut. Odłożyć.
- W rondlu rozgrzać pozostały olej. Dodaj nasiona gorczycy. Pozwól im pluć przez 15 sekund.
- Dodaj zielone chilli, liście curry i wodę. Gotuj na małym ogniu przez 2 minuty.
- Wlać tę mieszaninę na dhoklę i poczekać, aż wchłonie płyn.
- Udekoruj liśćmi kolendry i wiórkami kokosowymi.
- Pokrój w kwadraty i podawaj z chutneyem miętowym

Dal Maharani

(Czarna soczewica i czerwona fasola)

Dla 4 osób

Składniki

150 g/5½ uncji urad dhal*

2 łyżki czerwonej fasoli

1,4 litra/2½ pinty wody

Sól dla smaku

1 łyżka rafinowanego oleju roślinnego

½ łyżeczki nasion kminku

1 duża cebula, drobno posiekana

3 średnie pomidory, posiekane

1 łyżeczka pasty imbirowej

½ łyżeczki pasty czosnkowej

½ łyżeczki chili w proszku

½ łyżeczki garam masali

120 ml świeżej płynnej śmietanki

metoda

- Namocz razem urad dhal i fasolę przez noc. Odcedź i gotuj razem w rondlu z wodą i solą przez 1 godzinę na średnim ogniu. Odłożyć.
- Rozgrzej olej w rondlu. Dodaj nasiona kminku. Pozwól im pluć przez 15 sekund.
- Dodać cebulę i smażyć na średnim ogniu, aż uzyska złoty kolor.
- Dodaj pomidory. Dobrze wymieszaj. Dodaj pastę imbirową i pastę czosnkową. Smaż przez 5 minut.
- Dodaj dhal i mieszankę ugotowanej fasoli, chili w proszku i garam masala. Dobrze wymieszaj.
- Dodaj śmietanę. Gotuj na wolnym ogniu przez 5 minut, często mieszając.
- Podawać na gorąco z ryżem naan lub gotowanym na parze

Milagu Kuzhambu

(Podziel czerwony gram w sosie pieprzowym)

Dla 4 osób

Składniki

- 2 łyżeczki ghee
- 2 łyżeczki nasion kolendry
- 1 łyżka pasty z tamaryndowca
- 1 łyżeczka mielonego czarnego pieprzu
- ¼ łyżeczki asafetydy

- Sól dla smaku
- 1 łyżka toor dhal*, ugotowane
- 1 litr/1¾ pinty wody
- łyżeczka nasion gorczycy
- 1 zielona papryczka chili, posiekana
- łyżeczka kurkumy
- 10 liści curry

metoda

- Na patelni rozgrzej kilka kropli ghee. Dodaj nasiona kolendry i smaż na średnim ogniu przez 2 minuty. Schłodzić i zmielić.
- Połącz z pastą tamaryndowca, pieprzem, asafetydą, solą i dhalem w dużym rondlu.
- Dodaj wodę. Dobrze wymieszaj i zagotuj na średnim ogniu. Odłożyć.
- W rondlu podgrzej resztę ghee. Dodaj nasiona gorczycy, zielone chili, kurkumę i liście curry. Pozwól im pluć przez 15 sekund.
- Dodaj to do dhal. Podawać na gorąco.

Dhal Hariyali

(Warzywa Liściaste z Splitem Bengal Gram)

Dla 4 osób

Składniki

300 g/10 uncji tor dhal*

1,4 litra/2½ pinty wody

Sól dla smaku

2 łyżki ghee

1 łyżeczka nasion kminku

1 cebula, drobno posiekana

½ łyżeczki pasty imbirowej

½ łyżeczki pasty czosnkowej

½ łyżeczki kurkumy

50 g/1 uncja szpinaku, posiekanego

10 g/¼ uncji liści kozieradki, drobno posiekanych

25g/kilka liści kolendry 1 uncja

metoda

- Gotuj dhal z wodą i solą w rondlu przez 45 minut, często mieszając. Odłożyć.
- Podgrzej ghee w rondlu. Dodać nasiona kminku, cebulę, pastę imbirową, pastę czosnkową i kurkumę. Gotuj przez 2 minuty na małym ogniu, ciągle mieszając.
- Dodać szpinak, liście kozieradki i liście kolendry. Dobrze wymieszaj i gotuj na wolnym ogniu przez 5-7 minut.
- Podawać na gorąco z ryżem gotowanym na parze

Dhalcha

(Podziel gram bengalski z jagnięciną)

Dla 4 osób

Składniki

- 150 g Chana Dhal*
- 150 g/5½ uncji toor dhal*
- 2,8 litra/5 pint wody
- Sól dla smaku
- 2 łyżki pasty z tamaryndowca
- 2 łyżki rafinowanego oleju roślinnego
- 4 duże cebule, posiekane

- 5 cm/2 korzenia imbiru, startego
- 10 ząbków czosnku, zmiażdżonych
- 750 g/1 funt 10 uncji jagnięciny, mielonej
- 1,4 litra/2½ pinty wody
- 3-4 pomidory, posiekane
- 1 łyżeczka chili w proszku
- 1 łyżeczka kurkumy
- 1 łyżeczka garam masala

20 liści curry

25 g/kilka liści kolendry, drobno posiekanych

metoda

- Gotuj dhal z wodą i solą przez 1 godzinę na średnim ogniu. Dodaj pastę z tamaryndowca i dobrze wymieszaj. Odłożyć.
- Rozgrzej olej w rondlu. Dodać cebulę, imbir i czosnek. Smażyć na średnim ogniu, aż się zarumieni. Dodaj jagnięcinę i ciągle mieszaj, aż będzie brązowa.
- Dodaj wodę i gotuj, aż jagnięcina będzie miękka.
- Dodaj pomidory, chili w proszku, kurkumę i sól. Dobrze wymieszaj. Gotuj przez kolejne 7 minut.
- Dodaj dhal, garam masala i liście curry. Dobrze wymieszaj. Gotuj na wolnym ogniu przez 4-5 minut.
- Udekorować listkami kolendry. Podawać na gorąco.

Tarkari Dhalcha

(Bengal Gram Split z Warzywami)

Dla 4 osób

Składniki

150 g Chana Dhal*

150 g/5½ uncji toor dhal*

Sól dla smaku

3 litry/5¼ pinty wody

10 g/¼ uncji liści mięty

10 g/¼ uncji liści kolendry

2 łyżki rafinowanego oleju roślinnego

½ łyżeczki nasion gorczycy

½ łyżeczki nasion kminku

Szczypta nasion kozieradki

Szczypta nasion kalonji*

2 suszone czerwone papryki

10 liści curry

½ łyżeczki pasty imbirowej

½ łyżeczki pasty czosnkowej

½ łyżeczki kurkumy

1 łyżeczka chili w proszku

1 łyżeczka pasty z tamaryndowca

500 g dyni, pokrojonej w drobną kostkę

metoda

- Ugotuj dwa dhale z solą, 2,5 litrami wody i połową mięty i kolendry w rondlu na średnim ogniu przez 1 godzinę. Zmiel na gęstą pastę. Odłożyć.
- Rozgrzej olej w rondlu. Dodaj musztardę, kminek, kozieradkę i nasiona kalonji. Pozwól im pluć przez 15 sekund.
- Dodaj czerwone chilli i liście curry. Smażyć na średnim ogniu przez 15 sekund.
- Dodaj pastę dhal, pastę imbirową, pastę czosnkową, kurkumę, chili w proszku i pastę tamaryndowca. Dobrze wymieszaj. Gotuj na średnim ogniu, często mieszając, przez 10 minut.
- Dodać resztę wody i dynię. Pozostawić na wolnym ogniu, aż dynia będzie ugotowana.
- Dodaj pozostałe liście mięty i kolendry. Gotuj przez 3-4 minuty.
- Podawać na gorąco.

Dhokar Dhalna

(Smażone w curry kostki dhal)

Dla 4 osób

Składniki

Chana Dhal 600 g/1 funt i 5 uncji*, przemoczony całą noc

120 ml wody

Sól dla smaku

4 łyżki rafinowanego oleju roślinnego plus trochę więcej do smażenia

3 zielone chilli, posiekane

½ łyżeczki asafetydy

2 duże cebule, drobno posiekane

1 liść laurowy

1 łyżeczka pasty imbirowej

1 łyżeczka pasty czosnkowej

1 łyżeczka chili w proszku

łyżeczka kurkumy

1 łyżeczka garam masala

1 łyżka liści kolendry, drobno posiekanych

metoda

- Zmiel dhal z wodą i odrobiną soli na gęstą pastę. Odłożyć.
- W rondlu rozgrzej 1 łyżkę oleju. Dodaj zielone chilli i asafetydę. Pozwól im pluć przez 15 sekund. Wymieszaj pastę dhal i trochę więcej soli. Dobrze wymieszaj.
- Rozłóż tę mieszaninę na talerzu, aby ostygła. Pokroić na kawałki o długości 2,5 cm.
- W rondlu rozgrzej olej do smażenia. Smażyć kawałki na złoty kolor. Odłożyć.
- W rondlu rozgrzej 2 łyżki oleju. Smaż cebulę, aż się zrumieni. Zmiel je na pastę i odłóż na bok.
- W rondlu rozgrzej pozostałą 1 łyżkę oleju. Dodać liść laurowy, smażone kawałki dhalu, smażoną pastę cebulową, pastę imbirową, pastę czosnkową, chilli w proszku, kurkumę i garam masala. Dodaj tyle wody, aby zakryła kawałki dhalu. Dobrze wymieszaj i gotuj na wolnym ogniu przez 7 do 8 minut.
- Udekorować listkami kolendry. Podawać na gorąco.

Monitoruj jaszczurkę

(Prosty dzielony czerwony gram dhal)

Dla 4 osób

Składniki

300 g/10 uncji tor dhal*

2,4 litra/4 pinty wody

¼ łyżeczki asafetydy

½ łyżeczki kurkumy

Sól dla smaku

metoda

- Wszystkie składniki gotuj w rondlu przez około 1 godzinę na średnim ogniu.
- Podawać na gorąco z ryżem gotowanym na parze

Słodki Dal

(Słodki, czerwony gram)

Dla 4-6 osób

Składniki

300 g/10 uncji tor dhal*

2,5 litra/4 pinty wody

Sól dla smaku

łyżeczka kurkumy

Duża szczypta asafetydy

½ łyżeczki chili w proszku

Kawałek jaggery o średnicy 5 cm*

2 łyżeczki rafinowanego oleju roślinnego

łyżeczka nasion kminku

łyżeczka nasion gorczycy

2 suszone czerwone papryki

1 łyżka liści kolendry, drobno posiekanych

metoda

- Toor dhal umyj i gotuj w rondlu na małym ogniu przez 1 godzinę z wodą i solą.
- Dodaj kurkumę, asafetydę, chili w proszku i jaggery. Gotuj przez 5 minut. Dobrze wymieszaj. Odłożyć.
- W małym rondlu rozgrzej olej. Dodaj nasiona kminku, gorczycę i suszone czerwone chilli. Pozwól im pluć przez 15 sekund.
- Wlać to do dhal i dobrze wymieszać.
- Udekorować listkami kolendry. Podawać na gorąco.

Słodko-kwaśny dhal

(Słodko-kwaśny, czerwony gram)

Dla 4-6 osób

Składniki

300 g/10 uncji tor dhal*

2,4 litra/4 pinty wody

Sól dla smaku

łyżeczka kurkumy

¼ łyżeczki asafetydy

1 łyżeczka pasty z tamaryndowca

1 łyżeczka cukru

2 łyżeczki rafinowanego oleju roślinnego

½ łyżeczki nasion gorczycy

2 zielone papryczki chili

8 liści curry

1 łyżka liści kolendry, drobno posiekanych

metoda

- Gotuj toor dhal w rondlu z wodą i solą na średnim ogniu przez 1 godzinę.
- Dodać kurkumę, asafetydę, pastę z tamaryndowca i cukier. Gotuj przez 5 minut. Odłożyć.
- W małym rondlu rozgrzej olej. Dodaj nasiona gorczycy, zielone chilli i liście curry. Pozwól im pluć przez 15 sekund.
- Wlać tę przyprawę do dhal.
- Udekorować listkami kolendry.
- Podawać na gorąco z ryżem gotowanym na parze lub chapatis

Mung-ni-Dhal

(Podziel zielony gram)

Dla 4 osób

Składniki

300 g/10 uncji mung dhal*

1,9 litra/3½ pinty wody

Sól dla smaku

łyżeczka kurkumy

½ łyżeczki pasty imbirowej

1 zielona papryczka chili, drobno posiekana

łyżeczka cukru

1 łyżka ghee

½ łyżeczki nasion sezamu

1 mała cebula, posiekana

1 ząbek czosnku, posiekany

metoda

- Gotuj mung dhal z wodą i solą w rondlu na średnim ogniu przez 30 minut.
- Dodać kurkumę, pastę imbirową, zielone chili i cukier. Dobrze wymieszaj.
- Jeśli dhal jest suchy, dodać 120 ml wody. Gotuj na wolnym ogniu przez 2-3 minuty i odłóż na bok.
- W małym rondlu podgrzej ghee. Dodać nasiona sezamu, cebulę i czosnek. Smaż je przez 1 minutę, ciągle mieszając.
- Dodaj to do dhal. Podawać na gorąco.

Dhal z cebulą i kokosem

(Czerwony Gramme pokrojony z cebulą i kokosem)

Dla 4-6 osób

Składniki

300 g/10 uncji tor dhal*

2,8 litra/5 pint wody

2 zielone chilli, posiekane

1 mała cebula, posiekana

Sól dla smaku

łyżeczka kurkumy

1 ½ łyżeczki oleju roślinnego

½ łyżeczki nasion gorczycy

1 łyżka liści kolendry, drobno posiekanych

50 g świeżego kokosa, startego

metoda

- Gotuj toor dhal z wodą, zielonymi papryczkami chilli, cebulą, solą i kurkumą w rondlu na średnim ogniu przez 1 godzinę. Odłożyć.
- Rozgrzej olej w rondlu. Dodaj nasiona gorczycy. Pozwól im pluć przez 15 sekund.
- Wlać to do dhal i dobrze wymieszać.
- Udekoruj liśćmi kolendry i kokosem. Podawać na gorąco.

Dahi Kadhi

(Curry z jogurtem)

Dla 4 osób

Składniki

1 łyżka besanu*

Jogurt 250g/9oz

750 ml/1¼ litra wody

2 łyżeczki cukru

Sól dla smaku

½ łyżeczki pasty imbirowej

1 łyżka rafinowanego oleju roślinnego

łyżeczka nasion gorczycy

łyżeczka nasion kminku

łyżeczka nasion kozieradki

8 liści curry

10 g/¼ uncji liści kolendry, drobno posiekanych

metoda

- W dużym rondlu wymieszaj besan z jogurtem, wodą, cukrem, solą i pastą imbirową. Dobrze wymieszaj, aby uniknąć tworzenia się grudek.
- Gotuj mieszaninę na średnim ogniu, aż zacznie gęstnieć, często mieszając. Doprowadzić do wrzenia. Odłożyć.
- Rozgrzej olej w rondlu. Dodaj nasiona gorczycy, nasiona kminku, nasiona kozieradki i liście curry. Pozwól im pluć przez 15 sekund.
- Wlać ten olej do mieszanki besan.
- Udekorować listkami kolendry. Podawać na gorąco.

Dhal szpinakowy

(Szpinak z Split Green Gram)

Dla 4 osób

Składniki

300 g/10 uncji mung dhal*

1,9 litra/3½ pinty wody

Sól dla smaku

1 duża cebula, posiekana

6 ząbków czosnku, posiekanych

łyżeczka kurkumy

100 g szpinaku, posiekanego

½ łyżeczki amchooru*

Szczypta garam masali

½ łyżeczki pasty imbirowej

1 łyżka rafinowanego oleju roślinnego

1 łyżeczka nasion kminku

2 łyżki liści kolendry, drobno posiekanych

metoda

- Gotuj dhal z wodą i solą w rondlu na średnim ogniu przez 30-40 minut.
- Dodaj cebulę i czosnek. Gotuj przez 7 minut.
- Dodać kurkumę, szpinak, amchoor, garam masala i pastę imbirową. Dobrze wymieszaj.
- Gotuj, aż dhal będzie miękki i wszystkie przyprawy zostaną wchłonięte. Odłożyć.
- Rozgrzej olej w rondlu. Dodaj nasiona kminku. Pozwól im pluć przez 15 sekund.
- Wlać go na dhal.
- Udekorować listkami kolendry. Podawać na gorąco

Tawker Dhal

(Kwaśna czerwona soczewica z niedojrzałym mango)

Dla 4 osób

Składniki

300 g/10 uncji tor dhal*

2,4 litra/4 pinty wody

1 niedojrzałe mango, wypestkowane i pokrojone na ćwiartki

½ łyżeczki kurkumy

4 zielone papryczki chili

Sól dla smaku

2 łyżeczki oleju musztardowego

½ łyżeczki nasion gorczycy

1 łyżka liści kolendry, drobno posiekanych

metoda

- Gotuj dhal z wodą, kawałkami mango, kurkumą, zielonymi chilli i solą przez godzinę. Odłożyć.
- Na patelni rozgrzej oliwę i dodaj nasiona gorczycy. Pozwól im pluć przez 15 sekund.
- Dodaj to do dhal. Gotuj na wolnym ogniu, aż zgęstnieje.
- Udekorować listkami kolendry. Podawać na gorąco z ryżem gotowanym na parze

Podstawowy Dhal

(Podziel czerwony gram z pomidorem)

Dla 4 osób

Składniki

300 g/10 uncji tor dhal*

1,2 litra/2 pinty wody

Sól dla smaku

łyżeczka kurkumy

½ łyżki rafinowanego oleju roślinnego

łyżeczka nasion kminku

2 zielone chilli, przekrojone wzdłuż

1 średniej wielkości pomidor, drobno posiekany

1 łyżka liści kolendry, drobno posiekanych

metoda

- Gotuj toor dhal z wodą i solą w rondlu przez 1 godzinę na średnim ogniu.
- Dodaj kurkumę i dobrze wymieszaj.
- Jeśli dhal jest zbyt gęsty, dodać 120 ml wody. Dobrze wymieszaj i odłóż na bok.
- Rozgrzej olej w rondlu. Dodaj nasiona kminku i pozwól im się rozpryskiwać przez 15 sekund. Dodaj zielone chilli i pomidora. Smaż przez 2 minuty.
- Dodaj to do dhal. Mieszaj i gotuj na wolnym ogniu przez 3 minuty.
- Udekorować listkami kolendry. Podawać na gorąco z ryżem gotowanym na parze

Maa-ki-Dhal

(Bogaty Czarny Gram)

Dla 4 osób

Składniki

240 g kaali dhal*

125 g/4½ uncji czerwonej fasoli

2,8 litra/5 pint wody

Sól dla smaku

3,5 cm/1½ korzenia imbiru, w julienne

1 łyżeczka chili w proszku

3 pomidory, puree

1 łyżka masła

2 łyżeczki rafinowanego oleju roślinnego

1 łyżeczka nasion kminku

2 łyżki płynnej śmietanki

metoda

- Namoczyć razem dhal i fasolę przez noc.
- Gotuj z wodą, solą i imbirem w rondlu przez 40 minut na średnim ogniu.
- Dodać chili w proszku, przecier pomidorowy i masło. Gotuj na wolnym ogniu przez 8-10 minut. Odłożyć.
- Rozgrzej olej w rondlu. Dodaj nasiona kminku. Pozwól im pluć przez 15 sekund.
- Dodaj to do dhal. Dobrze wymieszaj.
- Dodaj śmietanę. Podawać na gorąco z ryżem gotowanym na parze

Dhansak

(Pikantny Parsi Split Czerwony Gram)

Dla 4 osób

Składniki

3 łyżki rafinowanego oleju roślinnego

1 duża cebula, drobno posiekana

2 duże pomidory, posiekane

½ łyżeczki kurkumy

½ łyżeczki chili w proszku

1 łyżka dhansak masala*

1 łyżka octu słodowego

Sól dla smaku

W przypadku mieszanki dhal:

150 g/5½ uncji toor dhal*

75 g/2½ uncji mung dhal*

75 g/2½ uncji dhalu masoor*

1 mały bakłażan pokrojony na ćwiartki

Kawałek dyni o długości 7,5 cm, pokrojony na ćwiartki

1 łyżka świeżych liści kozieradki

1,4 litra/2½ pinty wody

Sól dla smaku

metoda

- Gotuj składniki mieszanki dhal razem w rondlu na średnim ogniu przez 45 minut. Odłożyć.
- Rozgrzej olej w rondlu. Smaż cebulę i pomidory na średnim ogniu przez 2-3 minuty.
- Dodaj mieszaninę dhal i wszystkie pozostałe składniki. Dobrze wymieszaj i gotuj na średnim ogniu przez 5-7 minut. Podawać na gorąco.

Masoor Dhal

Dla 4 osób

Składniki

300 g/10 uncji dhalu masoor*

Sól dla smaku

Szczypta kurkumy

1,2 litra/2 pinty wody

2 łyżki rafinowanego oleju roślinnego

6 ząbków czosnku, zmiażdżonych

1 łyżeczka soku z cytryny

metoda

- Gotuj dhal, sól, kurkumę i wodę w rondlu na średnim ogniu przez 45 minut. Odłożyć.
- Na patelni rozgrzej oliwę i podsmaż czosnek, aż się zrumieni. Dodać do dhalu i skropić sokiem z cytryny. Dobrze wymieszaj. Podawać na gorąco.

Panchemel Dhal

(Mieszanka pięciu soczewic)

Dla 4 osób

Składniki

75 g/2½ uncji mung dhal*

1 łyżka Chana Dhal*

1 łyżka masoor dhal*

1 łyżka toor dhal*

1 łyżka urad dhal*

750 ml/1¼ litra wody

½ łyżeczki kurkumy

Sól dla smaku

1 łyżka ghee

1 łyżeczka nasion kminku

Szczypta asafetydy

½ łyżeczki garam masali

1 łyżeczka pasty imbirowej

metoda

- Gotuj dhale z wodą, kurkumą i solą w rondlu przez 1 godzinę na średnim ogniu. Dobrze wymieszaj. Odłożyć.
- Podgrzej ghee w rondlu. Smaż pozostałe składniki przez 1 minutę.
- Dodaj to do dhalu, dobrze wymieszaj i gotuj na wolnym ogniu przez 3-4 minuty. Podawać na gorąco.

Cholar Dhal

(Podzielony gram bengalski)

Dla 4 osób

Składniki

Chana Dhal 600 g/1 funt i 5 uncji*

2,4 litra/5 pint wody

Sól dla smaku

3 łyżki ghee

½ łyżeczki nasion kminku

½ łyżeczki kurkumy

2 łyżeczki cukru

3 goździki

2 liście laurowe

2,5 cm/1 w cynamonie

2 zielone strąki kardamonu

15 g/½ uncji kokosa, posiekanego i usmażonego

metoda

- Gotuj dhal z wodą i solą w rondlu na średnim ogniu przez 1 godzinę. Odłożyć.
- Na patelni rozgrzej 2 łyżki ghee. Dodaj wszystkie składniki oprócz kokosa. Pozwól im pluć przez 20 sekund. Dodaj ugotowany dhal i gotuj, dobrze mieszając, przez 5 minut. Dodaj kokos i 1 łyżkę ghee. Podawać na gorąco.

Dilpasand Dhal

(specjalna soczewica)

Dla 4 osób

Składniki

60 g fasoli urad*

2 łyżki czerwonej fasoli

2 łyżki ciecierzycy

2 litry/3½ pinty wody

łyżeczka kurkumy

2 łyżki ghee

2 pomidory, blanszowane i puree

2 łyżeczki mielonego kminku, prażonego na sucho

125 g ubitego jogurtu

120 ml płynnego kremu

Sól dla smaku

metoda

- Wymieszaj fasolę, ciecierzycę i wodę. Namoczyć w rondlu na 4 godziny. Dodaj kurkumę i gotuj przez 45 minut na średnim ogniu. Odłożyć.
- Podgrzej ghee w rondlu. Dodaj wszystkie pozostałe składniki i gotuj na średnim ogniu, aż ghee się oddzieli.
- Dodaj mieszankę fasoli i ciecierzycy. Gotować do wyschnięcia. Podawać na gorąco.

Dal Masoor

(Przelot z czerwoną soczewicą)

Dla 4 osób

Składniki

1 łyżka ghee

1 łyżeczka nasion kminku

1 mała cebula, drobno posiekana

2,5 cm korzenia imbiru, drobno posiekanego

6 ząbków czosnku, drobno posiekanych

4 zielone chilli, przekrojone wzdłuż

1 pomidor, obrany i przecier

½ łyżeczki kurkumy

300 g/10 uncji dhalu masoor*

1,5 litra/2¾ pinty wody

Sól dla smaku

2 łyżki liści kolendry

metoda

- Podgrzej ghee w rondlu. Dodać nasiona kminku, cebulę, imbir, czosnek, papryczki chili, pomidor i kurkumę. Smażyć przez 5 minut, często mieszając.
- Dodaj dhal, wodę i sól. Gotuj na wolnym ogniu przez 45 minut. Udekorować listkami kolendry. Podawać na gorąco z ryżem gotowanym na parze

Dal z bakłażana

(Soczewica Z Bakłażanem)

Dla 4 osób

Składniki

300 g/10 uncji tor dhal*

1,5 litra/2¾ pinty wody

Sól dla smaku

1 łyżka rafinowanego oleju roślinnego

50 g bakłażanów, pokrojonych w kostkę

2,5 cm/1 w cynamonie

2 zielone strąki kardamonu

2 goździki

1 duża cebula, drobno posiekana

2 duże pomidory, drobno posiekane

½ łyżeczki pasty imbirowej

½ łyżeczki pasty czosnkowej

1 łyżeczka mielonej kolendry

½ łyżeczki kurkumy

10 g liści kolendry do dekoracji

metoda

- Gotuj dhal z wodą i solą w rondlu przez 45 minut na średnim ogniu. Odłożyć.
- Rozgrzej olej w rondlu. Dodaj wszystkie pozostałe składniki oprócz liści kolendry. Smażymy 2-3 minuty, ciągle mieszając.
- Dodaj mieszaninę dhal. Gotuj na wolnym ogniu przez 5 minut. Udekoruj i podawaj.

Żółty Dhal Tadka

Dla 4 osób

Składniki

300 g/10 uncji mung dhal*

1 litr/1¾ pinty wody

łyżeczka kurkumy

Sól dla smaku

3 łyżeczki ghee

½ łyżeczki nasion gorczycy

½ łyżeczki nasion kminku

½ łyżeczki nasion kozieradki

2,5 cm korzenia imbiru, drobno posiekanego

4 ząbki czosnku, drobno posiekane

3 zielone chilli, przekrojone wzdłuż

8 liści curry

metoda

- Gotuj dhal z wodą, kurkumą i solą w rondlu przez 45 minut na średnim ogniu. Odłożyć.
- Podgrzej ghee w rondlu. Dodaj wszystkie pozostałe składniki. Smaż je przez 1 minutę i polej dhal. Dobrze wymieszaj i podawaj na gorąco.

Rasam

(Pikantna zupa z tamaryndowca)

Dla 4 osób

Składniki

2 łyżki pasty z tamaryndowca

750 ml/1¼ litra wody

8-10 liści curry

2 łyżki posiekanych liści kolendry

Szczypta asafetydy

Sól dla smaku

2 łyżeczki ghee

½ łyżeczki nasion gorczycy

Na mieszankę przypraw:

2 łyżeczki nasion kolendry

2 łyżki toor dhal*

1 łyżeczka nasion kminku

4-5 ziarenek pieprzu

1 suszona czerwona papryka

metoda

- Osusz pieczeń i zmiel przyprawę, wymieszaj składniki.
- Wymieszaj mieszankę przypraw ze wszystkimi składnikami z wyjątkiem ghee i nasion gorczycy. Gotuj w rondlu przez 7 minut na średnim ogniu.
- Na innej patelni rozgrzej ghee. Dodaj nasiona gorczycy i pozwól im się rozpryskiwać przez 15 sekund. Wlać to bezpośrednio do rasam. Podawać na gorąco.

Prosty Mung Dhal

Dla 4 osób

Składniki

300 g/10 uncji mung dhal*

1 litr/1¾ pinty wody

Szczypta kurkumy

Sól dla smaku

2 łyżki rafinowanego oleju roślinnego

1 duża cebula, drobno posiekana

3 zielone chilli, drobno posiekane

2,5 cm korzenia imbiru, drobno posiekanego

5 liści curry

2 pomidory, drobno posiekane

metoda

- Gotuj dhal z wodą, kurkumą i solą w rondlu przez 30 minut na średnim ogniu. Odłożyć.
- Rozgrzej olej w rondlu. Dodaj wszystkie pozostałe składniki. Smaż przez 3-4 minuty. Dodaj to do dhal. Gotuj na wolnym ogniu, aż zgęstnieje. Podawać na gorąco.

Cały zielony mung

Dla 4 osób

Składniki

250 g fasoli mung namoczonej przez noc

1 litr/1¾ pinty wody

½ łyżki rafinowanego oleju roślinnego

½ łyżeczki nasion kminku

6 liści curry

1 duża cebula, drobno posiekana

½ łyżeczki pasty czosnkowej

½ łyżeczki pasty imbirowej

3 zielone chilli, drobno posiekane

1 pomidor, drobno posiekany

łyżeczka kurkumy

Sól dla smaku

120 ml mleka

metoda

- Fasolę gotujemy w rondlu z wodą przez 45 minut na średnim ogniu. Odłożyć.
- Rozgrzej olej w rondlu. Dodaj nasiona kminku i liście curry.
- Po 15 sekundach dodaj ugotowaną fasolę i wszystkie pozostałe składniki. Dobrze wymieszaj i gotuj na wolnym ogniu przez 7 do 8 minut. Podawać na gorąco.

Dahi Kadhi z Pakorasem

(Cury na bazie jogurtu ze smażonymi kulkami)

Dla 4 osób

Składniki
Dla Pakory:

125 g besanu*

łyżeczka nasion kminku

2 łyżeczki posiekanej cebuli

1 posiekana zielona papryka

½ łyżeczki startego imbiru

Szczypta kurkumy

2 zielone chilli, drobno posiekane

½ łyżeczki nasion ajwain

Sól dla smaku

olej do smażenia

Dla kadhi:

Dahi Kadhi

metoda

- W misce wymieszaj wszystkie składniki pakory, oprócz oleju, z taką ilością wody, aby powstała gęsta pasta. Smażyć łyżki na rozgrzanym oleju na złoty kolor.
- Ugotuj kadhi i dodaj do niego pakoras. Gotuj na wolnym ogniu przez 3-4 minuty.
- Podawać na gorąco z ryżem gotowanym na parze

Słodki dhal z niedojrzałym mango

(Podziel czerwony gram z niedojrzałym mango)

Dla 4 osób

Składniki

300 g/10 uncji tor dhal*

2 zielone chilli, przekrojone wzdłuż

2 łyżeczki jaggery*, tarty

1 mała cebula, pokrojona w plasterki

Sól dla smaku

łyżeczka kurkumy

1,5 litra/2¾ pinty wody

1 niedojrzałe mango, obrane i posiekane

1 ½ łyżeczki rafinowanego oleju roślinnego

½ łyżeczki nasion gorczycy

1 łyżka liści kolendry do dekoracji

metoda

- Połącz wszystkie składniki oprócz oleju, nasion gorczycy i liści kolendry w rondlu. Gotuj przez 30 minut na średnim ogniu. Odłożyć.
- Rozgrzej olej w rondlu. Dodaj nasiona gorczycy. Pozwól im pluć przez 15 sekund. Wlać go na dhal. Udekoruj i podawaj na gorąco.

Malai Dhal

(Split Black Gram ze śmietaną)

Dla 4 osób

Składniki

300 g/10 uncji urad dhal*, moczony przez 4 godziny

1 litr/1¾ pinty wody

500 ml przegotowanego mleka

1 łyżeczka kurkumy

Sól dla smaku

½ łyżeczki amchooru*

2 łyżki płynnej śmietanki

1 łyżka ghee

1 łyżeczka nasion kminku

2,5 cm korzenia imbiru, drobno posiekanego

1 mały pomidor, drobno posiekany

1 mała cebula, drobno posiekana

metoda

- Gotuj dhal z wodą na średnim ogniu przez 45 minut.
- Dodać mleko, kurkumę, sól, amchoor i śmietanę. Dobrze wymieszaj i gotuj przez 3-4 minuty. Odłożyć.
- Podgrzej ghee w rondlu. Dodać nasiona kminku, imbir, pomidor i cebulę. Smaż przez 3 minuty. Dodaj to do dhal. Dobrze wymieszaj i podawaj na gorąco.

Sambhar

(Mieszanka soczewicy i warzyw gotowana ze specjalnymi przyprawami)

Dla 4 osób

Składniki

300 g/10 uncji tor dhal*

1,5 litra/2¾ pinty wody

Sól dla smaku

1 łyżka rafinowanego oleju roślinnego

1 duża cebula, pokrojona w cienkie plasterki

2 łyżeczki pasty z tamaryndowca

łyżeczka kurkumy

1 zielona papryczka chili, grubo posiekana

1 ½ łyżeczki proszku sambhar*

2 łyżki liści kolendry, drobno posiekanych

Do Przyprawienia:

1 zielona papryczka chili, przecięta wzdłuż

1 łyżeczka nasion gorczycy

½ łyżeczki urad dhal*

8 liści curry

¼ łyżeczki asafetydy

metoda

- Wszystkie składniki przyprawy wymieszać ze sobą. Odłożyć.
- Gotuj toor dhal z wodą i solą w rondlu na średnim ogniu przez 40 minut. Dobrze zmiażdżyć. Odłożyć.
- Rozgrzej olej w rondlu. Dodać składniki przyprawowe. Pozwól im pluć przez 20 sekund.
- Dodaj ugotowany dhal i wszystkie pozostałe składniki oprócz liści kolendry. Gotuj na małym ogniu przez 8 do 10 minut.
- Udekorować listkami kolendry. Podawać na gorąco.

Trzy dale

(Mieszana Soczewicy)

Dla 4 osób

Składniki

150 g/5½ uncji toor dhal*

75 g/2½ uncji dhalu masoor*

75 g/2½ uncji mung dhal*

1 litr/1¾ pinty wody

1 duży pomidor, drobno posiekany

1 mała cebula, drobno posiekana

4 ząbki czosnku, drobno posiekane

6 liści curry

Sól dla smaku

łyżeczka kurkumy

2 łyżki rafinowanego oleju roślinnego

½ łyżeczki nasion kminku

metoda

- Dhale namoczyć w wodzie na 30 minut. Gotuj z resztą składników, z wyjątkiem oleju i kminku, przez 45 minut na średnim ogniu.
- Rozgrzej olej w rondlu. Dodaj nasiona kminku. Pozwól im pluć przez 15 sekund. Wlać go na dhal. Dobrze wymieszaj. Podawać na gorąco.

Methi-Podudzie Sambhar

(Kozieradka i podudzia z Split Red Gram)

Dla 4 osób

Składniki

300 g/10 uncji tor dhal*

1 litr/1¾ pinty wody

Szczypta kurkumy

Sól dla smaku

2 podudzia indyjskie*, posiekana

1 łyżeczka rafinowanego oleju roślinnego

łyżeczka nasion gorczycy

1 czerwona papryka, przekrojona na pół

¼ łyżeczki asafetydy

10 g/¼ uncji świeżych liści kozieradki, posiekanych

1¼ łyżeczki proszku sambhar*

1¼ łyżeczki pasty z tamaryndowca

metoda

- Połącz dhal, wodę, kurkumę, sól i podudzia w rondlu. Gotuj przez 45 minut na średnim ogniu. Odłożyć.
- Na patelni rozgrzej olej. Dodaj wszystkie pozostałe składniki i smaż przez 2-3 minuty. Dodaj to do dhalu i gotuj na wolnym ogniu przez 7-8 minut. Podawać na gorąco.

Dal Shorba

(Zupa z soczewicy)

Dla 4 osób

Składniki

300 g/10 uncji tor dhal*

Sól dla smaku

1 litr/1¾ pinty wody

1 łyżka rafinowanego oleju roślinnego

2 duże cebule, pokrojone w plasterki

4 ząbki czosnku, zmiażdżone

50 g liści szpinaku, drobno posiekanych

3 pomidory, drobno posiekane

1 łyżeczka soku z cytryny

1 łyżeczka garam masala

metoda

- Gotuj dhal, sól i wodę w rondlu na średnim ogniu przez 45 minut. Odłożyć.
- Podgrzej olej. Smaż cebulę na średnim ogniu, aż się zrumieni. Dodaj wszystkie pozostałe składniki i smaż przez 5 minut, często mieszając.
- Dodaj to do mieszanki dhal. Podawać na gorąco.

Pyszne mungi

(Cały Mung)

Dla 4 osób

Składniki

250 g fasoli mung

2,5 litra/4 pinty wody

Sól dla smaku

2 średniej wielkości cebule, posiekane

3 zielone chilli, posiekane

łyżeczka kurkumy

1 łyżeczka chili w proszku

1 łyżeczka soku z cytryny

1 łyżka rafinowanego oleju roślinnego

½ łyżeczki nasion kminku

6 ząbków czosnku, zmiażdżonych

metoda

- Fasolę mung namoczyć w wodzie na 3-4 godziny. Gotuj w rondlu z solą, cebulą, zielonymi chilli, kurkumą i chili w proszku na średnim ogniu przez 1 godzinę.
- Dodaj sok z cytryny. Pozostawić do zagotowania na 10 minut. Odłożyć.

•Rozgrzej olej w rondlu. Dodaj nasiona kminku i czosnek. Brązuj przez 1 minutę na średnim ogniu. Wlać to do mieszanki mung. Podawać na gorąco.

Masala Toor Dhal

(Pikantny, czerwony gram)

Dla 4 osób

Składniki

300 g/10 uncji tor dhal*

1,5 litra/2¾ pinty wody

Sól dla smaku

½ łyżeczki kurkumy

1 łyżka rafinowanego oleju roślinnego

½ łyżeczki nasion gorczycy

8 liści curry

¼ łyżeczki asafetydy

½ łyżeczki pasty imbirowej

½ łyżeczki pasty czosnkowej

1 zielona papryczka chili, drobno posiekana

1 cebula, drobno posiekana

1 pomidor, drobno posiekany

2 łyżeczki soku z cytryny

2 łyżki liści kolendry do dekoracji

metoda

- Gotuj dhal z wodą, solą i kurkumą w rondlu przez 45 minut na średnim ogniu. Odłożyć.
- Rozgrzej olej w rondlu. Dodaj wszystkie składniki oprócz soku z cytryny i liści kolendry. Smażyć przez 3-4 minuty na średnim ogniu. Wlać go na dhal.
- Dodaj sok z cytryny i liście kolendry. Dobrze wymieszaj. Podawać na gorąco.

Suchy żółty Mung Dhal

(suchy żółty gram)

Dla 4 osób

Składniki

300 g/10 uncji mung dhal*, namoczone przez 1 godzinę

250 ml wody

łyżeczka kurkumy

Sól dla smaku

1 łyżka ghee

1 łyżeczka amchooru*

1 łyżka posiekanych liści kolendry

1 mała cebula, drobno posiekana

metoda

- Gotuj dhal z wodą, kurkumą i solą w rondlu przez 45 minut na średnim ogniu.
- Podgrzej ghee i polej nim dhal. Posyp amchoorą, liśćmi kolendry i cebulą na wierzchu. Podawać na gorąco.

Cały Urad

(Cały czarny gram)

Dla 4 osób

Składniki

300 g/10 uncji fasoli urad*, myć się

Sól dla smaku

1,25 litra/2½ pinty wody

łyżeczka kurkumy

½ łyżeczki chili w proszku

½ łyżeczki suszonego imbiru w proszku

łyżeczka garam masala

1 łyżka ghee

½ łyżeczki nasion kminku

1 duża cebula, drobno posiekana

2 łyżki liści kolendry, drobno posiekanych

metoda

- Gotuj fasolę urad z solą i wodą w rondlu przez 45 minut na średnim ogniu.
- Dodać kurkumę, chili w proszku, imbir w proszku i garam masala. Dobrze wymieszaj i gotuj na wolnym ogniu przez 5 minut. Odłożyć.
- Podgrzej ghee w rondlu. Dodaj nasiona kminku i pozwól im się rozpryskiwać przez 15 sekund. Dodać cebulę i smażyć na średnim ogniu, aż się zarumieni.
- Dodaj mieszaninę cebuli do dhal i dobrze wymieszaj. Pozostawić do zagotowania na 10 minut.
- Udekorować listkami kolendry. Podawać na gorąco.

Dal Fry

(Podziel czerwony gram ze smażonymi przyprawami)

Dla 4 osób

Składniki

300 g/10 uncji tor dhal*

1,5 litra/2¾ pinty wody

½ łyżeczki kurkumy

Sól dla smaku

2 łyżki ghee

½ łyżeczki nasion gorczycy

½ łyżeczki nasion kminku

½ łyżeczki nasion kozieradki

2,5 cm korzenia imbiru, drobno posiekanego

2-3 ząbki czosnku, drobno posiekane

2 zielone chilli, drobno posiekane

1 mała cebula, drobno posiekana

1 pomidor, drobno posiekany

metoda

- Gotuj dhal z wodą, kurkumą i solą w rondlu przez 45 minut na średnim ogniu. Dobrze wymieszaj. Odłożyć.
- Podgrzej ghee w rondlu. Dodaj nasiona gorczycy, kminek i nasiona kozieradki. Pozwól im pluć przez 15 sekund.
- Dodaj imbir, czosnek, zielone chilli, cebulę i pomidora. Gotuj na średnim ogniu przez 3 do 4 minut, często mieszając. Dodaj to do dhal. Podawać na gorąco.

Nadziewany bakłażan

Dla 4 osób

Składniki

10 małych bakłażanów

1 duża cebula, drobno posiekana

3 łyżki świeżego kokosa, startego

1 łyżeczka mielonego kminku

1 łyżeczka chili w proszku

50 g posiekanych liści kolendry

Sok z 1 cytryny

Sól dla smaku

3 łyżki rafinowanego oleju roślinnego

metoda

- Zrób krzyżyk nożem na jednym końcu każdego bakłażana i nabij go, nie przecinając drugiego końca. Odłożyć.

- Wymieszaj pozostałe składniki oprócz oleju. Nadziewaj tą mieszanką rozdrobnione bakłażany.

- Rozgrzej olej na patelni. Dodać bakłażany i smażyć na średnim ogniu przez 3-4 minuty. Przykryj i gotuj przez 10 minut, ostrożnie obracając bakłażany od czasu do czasu. Podawać na gorąco.

Sarson ka Saag

(Musztarda w sosie)

Dla 4 osób

Składniki

3 łyżki rafinowanego oleju roślinnego

100 g posiekanej musztardy

200 g szpinaku, drobno posiekanego

3 zielone chilli, przekrojone wzdłuż

1 cm/½ korzenia imbiru, pokrojonego w julienne

2 ząbki czosnku, zmiażdżone

Sól dla smaku

250 ml wody

2 łyżki ghee

Kula maślana

metoda

- Rozgrzej olej w rondlu. Dodaj musztardę, szpinak i zielone chilli. Smażyć je na średnim ogniu przez minutę.

- Dodać imbir, czosnek, sól i wodę. Dobrze wymieszaj. Pozostawić do zagotowania na 10 minut.

- Zmiksuj mieszaninę w blenderze, aż będzie gładka.

- Przełożyć do rondelka i gotować na średnim ogniu przez 15 minut.

- Udekoruj masłem. Podawać na gorąco.

Suflet Marchwiowy

(Paneer w bogatym sosie)

Dla 4 osób

Składniki

4 łyżki rafinowanego oleju roślinnego

Paneer 500 g/1 funt i 2 uncje*, posiekana

2 duże cebule, zredukowane do pasty

1 łyżeczka pasty imbirowej

1 łyżeczka pasty czosnkowej

1 łyżeczka chili w proszku

300 g/10 uncji przecieru pomidorowego

200 g ubitego jogurtu

250 ml płynnego kremu

Sól dla smaku

metoda

- W rondlu rozgrzej 1 łyżkę oleju. Dodaj kawałki paneera. Smażyć je na średnim ogniu, aż uzyskają złoty kolor. Odcedź i zachowaj.

- Na tę samą patelnię wlej pozostały olej. Dodać cebulę, pastę imbirową i pastę czosnkową. Smaż przez minutę. Dodać paneer i resztę składników. Gotuj przez 5 minut, od czasu do czasu mieszając. Podawać na gorąco.

Ziemniak Tandoori

Dla 4 osób

Składniki

16 dużych ziemniaków, obranych

Rafinowany olej roślinny do smażenia

3 łyżki drobno posiekanych pomidorów

1 łyżka posiekanych liści kolendry

1 łyżeczka garam masala

100 g sera cheddar, startego

Sól dla smaku

Sok z 2 cytryn

metoda

- Ziemniaki wydrążyć rdzenie. Zachowaj miąższ i wydrążone części.

- Rozgrzej olej na patelni. Dodać wydrążone ziemniaki. Smażyć je na średnim ogniu, aż uzyskają złoty kolor. Odłożyć.

- Na tym samym oleju dodaj wypatroszone ziemniaki i wszystkie pozostałe składniki oprócz soku z cytryny. Smażyć na małym ogniu przez 5 minut.

- Włóż tę mieszaninę do pustych ziemniaków.

- Piecz nadziewane ziemniaki w piekarniku w temperaturze 200°C (400°F, gaz 6) przez 5 minut.

- Skrop ziemniaki sokiem z cytryny. Podawać na gorąco.

Curry kukurydziane

Dla 4 osób

Składniki

1 duży ziemniak, ugotowany i zmiksowany

500 g/1 funt 2 uncje przecieru pomidorowego

3 łyżki rafinowanego oleju roślinnego

8 liści curry

2 łyżki besanu*

1 łyżeczka pasty imbirowej

½ łyżeczki kurkumy

Sól dla smaku

1 łyżeczka garam masala

1 łyżeczka chili w proszku

3 łyżeczki cukru

250 ml wody

4 kłosy kukurydzy pokroić na 3 części każdy i ugotować

metoda

- Dokładnie wymieszaj puree ziemniaczane z przecierem pomidorowym. Odłożyć.

- Rozgrzej olej w rondlu. Dodaj liście curry. Pozwól im trzaskać przez 10 sekund. Dodaj besan i pastę imbirową. Smażymy na małym ogniu aż do zrumienienia.

- Dodaj mieszankę ziemniaczano-pomidorową i wszystkie pozostałe składniki oprócz kukurydzy. Gotuj na wolnym ogniu przez 3-4 minuty.

- Dodaj kawałki kukurydzy. Dobrze wymieszaj. Gotuj na wolnym ogniu przez 8-10 minut. Podawać na gorąco.

Masala z zielonego pieprzu

Dla 4 osób

Składniki

1 ½ łyżki rafinowanego oleju roślinnego

1 łyżeczka garam masala

łyżeczka kurkumy

½ łyżeczki pasty imbirowej

½ łyżeczki pasty czosnkowej

1 duża cebula, drobno posiekana

1 pomidor, drobno posiekany

4 duże zielone papryki pokrojone w julienne

Jogurt 125g/4½oz

Sól dla smaku

metoda

- Rozgrzej olej w rondlu. Dodać garam masala, kurkumę, pastę imbirową i pastę czosnkową. Brązuj tę mieszaninę na średnim ogniu przez 2 minuty.

- Dodaj cebulę. Smażyć, aż będzie przezroczysty.

- Dodaj pomidora i zieloną paprykę. Smaż przez 2-3 minuty. Dodaj jogurt i sól. Dobrze wymieszaj. Gotuj przez 6-7 minut. Podawać na gorąco.

Butelka bez oleju

Dla 4 osób

Składniki

Tykwa butelkowa 500g/1lb 2oz*, obrane i posiekane

2 pomidory, drobno posiekane

1 duża cebula, drobno posiekana

1 łyżeczka pasty imbirowej

1 łyżeczka pasty czosnkowej

2 zielone chilli, drobno posiekane

½ łyżeczki mielonej kolendry

½ łyżeczki mielonego kminku

25 g/kilka liści kolendry, drobno posiekanych

120 ml wody

Sól dla smaku

metoda

- wymieszaj wszystkie składniki razem. Gotuj w rondelku na małym ogniu przez 20 minut. Podawać na gorąco.

Jogurt okra

Dla 4 osób

Składniki

3 łyżki rafinowanego oleju roślinnego

½ łyżeczki nasion kminku

500 g posiekanej okry

½ łyżeczki chili w proszku

łyżeczka kurkumy

2 zielone chilli, przekrojone wzdłuż

1 łyżeczka imbiru, julienne

200 g jogurtu

1 łyżeczka besanu*, rozpuścić w 1 łyżce wody

Sól dla smaku

1 łyżka liści kolendry, drobno posiekanych

metoda

- Rozgrzej olej w rondlu. Dodaj nasiona kminku. Pozwól im pluć przez 15 sekund.

- Dodaj okrę, chili w proszku, kurkumę, zielone chilli i imbir.

- Gotuj na małym ogniu przez 20 minut, od czasu do czasu mieszając.

- Dodaj jogurt, mieszankę besan i sól. Gotuj przez 5 minut.

- Udekoruj okrę liśćmi kolendry. Podawać na gorąco.

Karela smażyła

(smażona gorzka tykwa)

Dla 4 osób

Składniki

4 średniej wielkości gorzkie tykwy*

Sól dla smaku

1 ½ łyżki rafinowanego oleju roślinnego

½ łyżeczki nasion gorczycy

½ łyżeczki kurkumy

½ łyżeczki pasty imbirowej

½ łyżeczki pasty czosnkowej

2 duże cebule, drobno posiekane

½ łyżeczki chili w proszku

¾ łyżeczki jaggery*, tarty

metoda

- Obierz gorzkie tykwy i przekrój je wzdłuż na pół. Usuń nasiona i pokrój każdą połówkę w cienkie plasterki. Dodaj sól i odstaw na 20 minut. Wyciśnij wodę. Odłóż ponownie.
- Rozgrzej olej w rondlu. Dodaj nasiona gorczycy. Pozwól im pluć przez 15 sekund.
- Dodać pozostałe składniki i smażyć na średnim ogniu przez 2-3 minuty. Dodaj gorzką tykwę. Dobrze wymieszaj. Gotuj przez 5 minut na małym ogniu. Podawać na gorąco.

Kapusta z groszkiem

Dla 4 osób

Składniki

1 łyżka rafinowanego oleju roślinnego

1 łyżeczka nasion gorczycy

2 zielone chilli, przekrojone wzdłuż

łyżeczka kurkumy

400 g kapusty, drobno posiekanej

125 g świeżego groszku

Sól dla smaku

2 łyżki wiórków kokosowych

metoda

- Rozgrzej olej w rondlu. Dodaj nasiona gorczycy i zielone chilli. Pozwól im pluć przez 15 sekund.
- Dodać pozostałe składniki oprócz kokosa. Gotuj na małym ogniu przez 10 minut.
- Dodaj kokos. Dobrze wymieszaj. Podawać na gorąco.

Ziemniaki z sosem pomidorowym

Dla 4 osób

Składniki

2 łyżki rafinowanego oleju roślinnego

1 łyżeczka nasion kminku

Szczypta asafetydy

½ łyżeczki kurkumy

4 duże ziemniaki, ugotowane i pokrojone w kostkę

4 pomidory, drobno posiekane

1 łyżeczka chili w proszku

Sól dla smaku

1 łyżka posiekanych liści kolendry

metoda

- Rozgrzej olej w rondlu. Dodaj nasiona kminku, asafetydę i kurkumę. Pozwól im pluć przez 15 sekund.
- Dodać pozostałe składniki oprócz liści kolendry. Dobrze wymieszaj. Gotuj na małym ogniu przez 10 minut. Udekorować listkami kolendry. Podawać na gorąco.

Matar Palak

(Groszek i szpinak)

Dla 4 osób

Składniki

400 g szpinaku, gotowanego na parze i posiekanego

2 zielone papryczki chili

4-5 łyżek rafinowanego oleju roślinnego

1 łyżeczka nasion kminku

1 szczypta asafetydy

1 łyżeczka kurkumy

1 duża cebula, drobno posiekana

1 pomidor, drobno posiekany

1 duży ziemniak, pokrojony w kostkę

Sól dla smaku

200 g zielonego groszku

metoda

- Zmiel razem szpinak i papryczkę chili na drobną pastę. Odłożyć.
- Rozgrzej olej w rondlu. Dodaj nasiona kminku, asafetydę i kurkumę. Pozwól im pluć przez 15 sekund.
- Dodaj cebulę. Smażyć na średnim ogniu, aż będzie przezroczysty.
- Dodaj pozostałe składniki. Dobrze wymieszaj. Gotuj na małym ogniu przez 7 do 8 minut, od czasu do czasu mieszając.
- Dodaj pastę szpinakową. Gotuj na wolnym ogniu przez 5 minut. Podawać na gorąco.

Masala z kapusty

(Ostra kapusta)

Dla 4 osób

Składniki

3 łyżki rafinowanego oleju roślinnego

1 łyżeczka nasion kminku

łyżeczka kurkumy

1 łyżeczka pasty czosnkowej

1 łyżeczka pasty imbirowej

1 duża cebula, drobno posiekana

1 pomidor, drobno posiekany

½ łyżeczki chili w proszku

Sól dla smaku

400 g kapusty, drobno posiekanej

metoda

- Rozgrzej olej w rondlu. Dodaj nasiona kminku i kurkumę. Pozwól im pluć przez 15 sekund. Dodać pastę czosnkową, pastę imbirową i cebulę. Smażyć na średnim ogniu przez 2-3 minuty.
- Dodaj pomidora, chili w proszku, sól i kapustę. Dobrze wymieszaj. Przykryj pokrywką i gotuj na małym ogniu przez 10-15 minut. Podawać na gorąco.

Curry z bakłażana

Dla 4 osób

Składniki

4 zielone papryczki chili

Korzeń imbiru o długości 2,5 cm

50 g posiekanych liści kolendry

3 łyżki rafinowanego oleju roślinnego

1 łyżeczka mung dahalu*

1 łyżeczka urad dhal*

1 łyżeczka nasion kminku

½ łyżeczki nasion gorczycy

500 g małych bakłażanów pokrojonych na 5 cm kawałki

½ łyżeczki kurkumy

1 łyżeczka pasty z tamaryndowca

Sól dla smaku

250 ml wody

metoda

- Zmiel razem zielone chilli, imbir i liście kolendry. Odłożyć.
- Rozgrzej olej w rondlu. Dodaj mung dhal, urad dhal, nasiona kminku i nasiona gorczycy. Pozwól im pluć przez 20 sekund.
- Dodać resztę składników i pastę chili-imbir. Dobrze wymieszaj. Przykryć pokrywką i dusić przez 10 minut, od czasu do czasu mieszając. Podawać na gorąco.

Simla Mirch ka Bharta

(Ostra papryka)

Dla 4 osób

Składniki

- 3 średniej wielkości zielone papryki
- 3 średniej wielkości czerwone papryki
- 3 łyżki rafinowanego oleju roślinnego
- 2 duże cebule, drobno posiekane
- 6 ząbków czosnku, drobno posiekanych
- 2,5 cm korzenia imbiru, drobno posiekanego
- ½ łyżeczki chili w proszku
- łyżeczka kurkumy
- 2 pomidory, posiekane
- 1 łyżeczka soli
- 1 łyżka posiekanych liści kolendry

metoda

- Grilluj zieloną i czerwoną paprykę przez 5 do 6 minut. Często obracaj, aby mieć pewność, że są równomiernie upieczone.
- Obierz zwęgloną skórę, usuń łodygi i nasiona, a paprykę pokrój na małe kawałki. Odłożyć.
- Rozgrzej olej w rondlu. Dodać cebulę, czosnek i imbir. Smaż je na średnim ogniu, aż cebula stanie się złotobrązowa.
- Dodać chili w proszku, kurkumę, pomidory i sól. Smaż mieszaninę przez 4-5 minut.
- Dodaj paprykę. Dobrze wymieszaj. Przykryj pokrywką i gotuj na małym ogniu przez 30 minut.
- Udekoruj warzywa liśćmi kolendry. Podawać na gorąco.

Szybkie curry z tykwy butelkowej

Dla 4 osób

Składniki

1 średniej wielkości butelka na wodę*, obrane i posiekane

1 duża cebula, drobno posiekana

60 g pomidorów, drobno posiekanych

4-5 ząbków czosnku, posiekanych

1 łyżka ketchupu

1 łyżka suszonych liści kozieradki

½ łyżeczki kurkumy

łyżeczka świeżo zmielonego czarnego pieprzu

2 łyżki mleka

Sól dla smaku

1 łyżka posiekanych liści kolendry

metoda

- Wszystkie składniki, z wyjątkiem liści kolendry, gotuj w rondlu na średnim ogniu przez 20 minut, od czasu do czasu mieszając. Przykryj pokrywką.
- Ostrożnie wymieszaj mieszaninę. Udekorować listkami kolendry. Podawać na gorąco.

Curry Kaala Chana

(Curry z czarnej ciecierzycy)

Dla 4 osób

Składniki

250 g/9 uncji kaala chana*, przemoczony całą noc

Szczypta sody oczyszczonej

Sól dla smaku

1 litr/1¾ pinty wody

1 mała cebula

Korzeń imbiru o długości 2,5 cm

1 łyżka ghee

1 pomidor, pokrojony w kostkę

½ łyżeczki kurkumy

½ łyżeczki chili w proszku

8-10 liści curry

1 łyżka pasty z tamaryndowca

metoda

- Wymieszaj chanę z sodą oczyszczoną, solą i połową wody. Gotuj w rondlu na średnim ogniu przez 45 minut. Zmiksuj i zachowaj.
- Cebulę i imbir zmiel na pastę.
- Podgrzej ghee w rondlu. Dodać pastę cebulowo-imbirową i smażyć do zrumienienia.
- Dodaj mieszaninę chana i resztę składników. Dobrze wymieszaj. Gotuj na wolnym ogniu przez 8 do 10 minut, od czasu do czasu mieszając. Podawać na gorąco.

Kalina

(Mieszanka Warzywa w Mleku)

Dla 4 osób

Składniki

750 ml/1¼ litra mleka

2 niedojrzałe banany, obrane i posiekane

Tykwa butelkowa 250g/9oz*, posiekana

100 g startej kapusty

2 pomidory, posiekane

1 duża zielona papryka, posiekana

1 łyżeczka pasty z tamaryndowca

1 łyżeczka mielonej kolendry

1 łyżeczka mielonego kminku

2 łyżeczki chili w proszku

2 łyżeczki jaggery*, tarty

100 g drobno posiekanych liści kolendry

2 łyżki khoyi*

Sól dla smaku

1 łyżka liści kolendry, drobno posiekanych

metoda

- Podgrzej mleko w rondlu na średnim ogniu, aż zacznie wrzeć. Dodaj banana i tykwę. Dobrze wymieszaj. Gotuj przez 5 minut.
- Dodać pozostałe składniki oprócz liści kolendry. Dobrze wymieszaj. Gotuj na wolnym ogniu przez 8 do 10 minut, często mieszając.
- Udekoruj kalinę liśćmi kolendry. Podawać na gorąco.

Kalafior Tandoori

Dla 4 osób

Składniki

1 ½ łyżeczki chili w proszku

1 ½ łyżeczki garam masala

Sok z 2 cytryn

100 g jogurtu

Czarna sól do smaku

1 kg różyczek kalafiora

metoda

- Wymieszaj wszystkie składniki oprócz kalafiora. Następnie marynuj kalafior w tej mieszance przez 4 godziny.
- Piec w piekarniku nagrzanym do 200°C (400°F, gaz 6) przez 5 do 7 minut. Podawać na gorąco.

Pikantna Kaala Chana

Dla 4 osób

Składniki

500 g/1 funt i 2 uncje kaala chana*, przemoczony całą noc

500 ml/16 uncji wody

Sól dla smaku

3 łyżki rafinowanego oleju roślinnego

Szczypta asafetydy

½ łyżeczki nasion gorczycy

1 łyżeczka nasion kminku

2 goździki

1 cm/½ cynamonu

łyżeczka kurkumy

1 łyżeczka mielonej kolendry

1 łyżeczka mielonego kminku

½ łyżeczki garam masali

1 łyżeczka pasty z tamaryndowca

1 łyżka posiekanych liści kolendry

metoda

- Gotuj chanę z wodą i solą w rondlu na średnim ogniu przez 20 minut. Odłożyć.
- Rozgrzej olej w rondlu. Dodaj asafetydę i nasiona gorczycy. Pozwól im pluć przez 15 sekund. Dodać ugotowaną chanę i resztę składników oprócz liści kolendry. Gotuj na wolnym ogniu przez 10-15 minut.
- Udekoruj pikantną kaala chana liśćmi kolendry. Podawać na gorąco.

Tur Dhal Kofta

(Kluski Czerwone Gram)

Dla 4 osób

Składniki

600 g/1 funt 5 uncji masoor dhal*, przemoczony całą noc

3 zielone chilli, drobno posiekane

3 łyżki posiekanych liści kolendry

60 g wiórków kokosowych

3 łyżki nasion kminku

Szczypta asafetydy

Sól dla smaku

Rafinowany olej roślinny do smażenia

metoda

- Dhal umyj i grubo zmiel. Dokładnie zagniatamy z pozostałymi składnikami oprócz oleju, aż do uzyskania miękkiego ciasta. Podzielić na kulki wielkości orzecha włoskiego.
- Rozgrzej olej w rondlu. Dodać kulki i smażyć na małym ogniu na złoty kolor. Odcedź kofty i podawaj na gorąco.

Kalafior Shahi

(Bogaty kalafior)

Dla 4 osób

Składniki

8 ząbków czosnku

Korzeń imbiru o długości 2,5 cm

½ łyżeczki kurkumy

2 duże cebule, starte

4 łyżeczki maku

2 łyżki ghee

200 g ubitego jogurtu

5 pomidorów, drobno posiekanych

200 g groszku konserwowego

1 łyżeczka cukru

2 łyżki świeżego crème fraîche

Sól dla smaku

250 ml wody

500 g/1 funt 2 uncje różyczek kalafiora, smażonych

8 małych smażonych ziemniaków

metoda

- Zmiel czosnek, imbir, kurkumę, cebulę i mak na drobną pastę. Odłożyć.
- W rondlu podgrzej 1 łyżkę ghee. Dodaj pastę makową. Smaż przez 5 minut. Dodać pozostałe składniki oprócz kalafiora i ziemniaków. Gotuj na małym ogniu przez 4 minuty.
- Dodać kalafior i ziemniaki. Gotuj przez 15 minut i podawaj na gorąco.

Okra Gojju

(kompot z okry)

Dla 4 osób

Składniki

500 g okry pokrojonej w plasterki

Sól dla smaku

2 łyżki rafinowanego oleju roślinnego plus trochę więcej do smażenia

1 łyżeczka nasion gorczycy

Szczypta asafetydy

200 g jogurtu

250 ml wody

metoda

- Wymieszaj okrę z solą. Rozgrzej olej na patelni i smaż okrę na średnim ogniu, aż uzyska złoty kolor. Odłożyć.
- Rozgrzej 2 łyżki oleju. Dodaj musztardę i asafetydę. Pozwól im pluć przez 15 sekund. Dodać okrę, jogurt i wodę. Dobrze wymieszaj. Podawać na gorąco.

Yam w zielonym sosie

Dla 4 osób

Składniki

300 g/10 uncji ignamu*, mielony

1 łyżeczka chili w proszku

1 łyżeczka amchooru*

½ łyżeczki mielonego czarnego pieprzu

Sól dla smaku

Rafinowany olej roślinny do smażenia

Na sos:

400 g posiekanego szpinaku

butelka z tykwa 100g/3½oz*, tarty

Szczypta sody oczyszczonej

3 zielone papryczki chili

2 łyżeczki mąki pełnoziarnistej

Sól dla smaku

3 łyżki rafinowanego oleju roślinnego

1 cm/½ korzenia imbiru, pokrojonego w julienne

1 mała cebula, drobno posiekana

Szczypta mielonego cynamonu

Szczypta zmielonych goździków

metoda

- Wymieszaj plasterki ignamu z proszkiem chili, amchoorem, pieprzem i solą.
- Rozgrzej olej w rondlu. Dodaj plasterki ignamu. Smażyć je na średnim ogniu, aż uzyskają złoty kolor. Odcedź i zachowaj.
- Aby przygotować sos, wymieszaj szpinak, tykwę butelkową i sodę oczyszczoną. Para (patrz techniki gotowania) mieszaninę w parowarze na średnim ogniu przez 10 minut.
- Zmiel tę mieszaninę z zielonymi chilli, mąką i solą na półgładką pastę. Odłożyć.
- Rozgrzej olej w rondlu. Dodaj imbir i cebulę. Smażyć na średnim ogniu, aż cebula stanie się brązowa. Dodać zmielony cynamon, zmielone goździki i mieszankę szpinakową. Dobrze wymieszaj. Gotuj na średnim ogniu przez 8 do 10 minut, od czasu do czasu mieszając.
- Dodaj ignam do tego zielonego sosu. Dobrze wymieszaj. Przykryj pokrywką i gotuj na wolnym ogniu przez 4 do 5 minut. Podawać na gorąco.

Simla Mirch ki Sabzi

(Suszony zielony pieprz)

Dla 4 osób

Składniki

2 łyżki rafinowanego oleju roślinnego

2 duże cebule, drobno posiekane

¾ łyżeczki pasty imbirowej

łyżeczka pasty czosnkowej

1 łyżeczka mielonej kolendry

łyżeczka kurkumy

½ łyżeczki garam masali

½ łyżeczki chili w proszku

2 pomidory, drobno posiekane

Sól dla smaku

4 duże zielone papryki, posiekane

1 łyżka liści kolendry, drobno posiekanych

metoda

- Rozgrzej olej w rondlu. Dodać cebulę, pastę imbirową i pastę czosnkową. Smażyć na średnim ogniu, aż cebula stanie się złotobrązowa.
- Dodaj wszystkie pozostałe składniki oprócz liści kolendry. Dobrze wymieszaj. Smaż mieszaninę na małym ogniu przez 10 do 15 minut.
- Udekorować listkami kolendry. Podawać na gorąco.

Curry z kalafiora

Dla 4 osób

Składniki

3 łyżki rafinowanego oleju roślinnego

1 łyżeczka nasion kminku

łyżeczka kurkumy

1 łyżeczka pasty imbirowej

1 łyżeczka mielonej kolendry

1 łyżeczka chili w proszku

200 g przecieru pomidorowego

1 łyżeczka cukru pudru

Sól dla smaku

400 g różyczek kalafiora

120 ml wody

metoda

- Rozgrzej olej w rondlu. Dodaj nasiona kminku. Pozwól im pluć przez 15 sekund.
- Dodać pozostałe składniki oprócz wody. Dobrze wymieszaj. Dodaj wodę. Przykryj pokrywką i gotuj na wolnym ogniu przez 12-15 minut. Podawać na gorąco

Haak

(Curry ze szpinakiem)

Dla 4 osób

Składniki

Korzeń imbiru 1 cm/½ pokrojony w julienne

1 łyżeczka nasion kopru włoskiego, zmiażdżonych

2 łyżki rafinowanego oleju roślinnego

2 suszone czerwone papryki

¼ łyżeczki asafetydy

1 zielona papryczka chili, przecięta wzdłuż

Sól dla smaku

400 g szpinaku, drobno posiekanego

500 ml/16 uncji wody

metoda

- Prażenie na sucho (patrz techniki gotowania) nasiona imbiru i kopru włoskiego. Odłożyć.
- Rozgrzej olej w rondlu. Dodaj czerwone chilli, asafetydę, zielone chili i sól. Brązuj tę mieszaninę na średnim ogniu przez 1 minutę.
- Dodaj mieszankę nasion imbiru i kopru włoskiego. Smaż przez minutę. Dodać szpinak i wodę. Przykryj pokrywką i gotuj na wolnym ogniu przez 8-10 minut. Podawać na gorąco.

Suszony kalafior

Dla 4 osób

Składniki

3 łyżki rafinowanego oleju roślinnego

1 łyżeczka nasion kminku

łyżeczka kurkumy

2 zielone chilli, drobno posiekane

1 łyżeczka pasty imbirowej

½ łyżeczki cukru pudru

400 g różyczek kalafiora

Sól dla smaku

60 ml wody

10 g posiekanych liści kolendry

metoda

- Rozgrzej olej w rondlu. Dodaj nasiona kminku. Pozwól im pluć przez 15 sekund.
- Dodać kurkumę, zielone chilli, pastę imbirową i cukier puder. Gotuj na średnim ogniu przez minutę. Dodać kalafior, sól i wodę. Dobrze wymieszaj. Przykryj pokrywką i gotuj na wolnym ogniu przez 12-15 minut.
- Udekorować listkami kolendry. Podawać na gorąco.

Korma warzywna

(Wymieszane warzywa)

Dla 4 osób

Składniki

3 łyżki rafinowanego oleju roślinnego

1 cm/½ cynamonu

2 goździki

2 zielone strąki kardamonu

2 duże cebule, drobno posiekane

łyżeczka kurkumy

½ łyżeczki pasty imbirowej

½ łyżeczki pasty czosnkowej

Sól dla smaku

300 g/10 uncji mieszanych mrożonych warzyw

250 ml wody

1 łyżeczka maku

metoda

- Rozgrzej olej w rondlu. Dodać cynamon, goździki i kardamon. Pozwól im pluć przez 30 sekund.
- Dodać cebulę, kurkumę, pastę imbirową, pastę czosnkową i sól. Smażyć mieszaninę na średnim ogniu przez 2-3 minuty, ciągle mieszając.
- Dodaj warzywa i wodę. Dobrze wymieszaj. Przykryj pokrywką i gotuj na wolnym ogniu przez 5 do 6 minut, od czasu do czasu mieszając.
- Dodaj nasiona maku. Dobrze wymieszaj. Gotuj na wolnym ogniu przez kolejne 2 minuty. Podawać na gorąco.

Smażony bakłażan

Dla 4 osób

Składniki

500 g bakłażana pokrojonego w plasterki

4 łyżki rafinowanego oleju roślinnego

Na marynatę:

1 łyżeczka chili w proszku

½ łyżeczki mielonego czarnego pieprzu

½ łyżeczki kurkumy

1 łyżeczka amchooru*

Sól dla smaku

1 łyżka mąki ryżowej

metoda

- Składniki marynaty wymieszać ze sobą. Marynuj plastry bakłażana w tej mieszance przez 10 minut.
- Rozgrzej olej na patelni. Dodaj plasterki bakłażana. Smaż je na małym ogniu przez 7 minut. Przewróć plastry i smaż przez 3 minuty. Podawać na gorąco.

Curry z czerwonych pomidorów

Dla 4 osób

Składniki

1 łyżka suszonych, prażonych orzeszków ziemnych (patrz<u>techniki gotowania</u>)

1 łyżka prażonych orzechów nerkowca (patrz<u>techniki gotowania</u>)

4 pomidory, posiekane

1 mała zielona papryka, posiekana

3 łyżki rafinowanego oleju roślinnego

1 łyżeczka pasty imbirowej

1 łyżeczka pasty czosnkowej

1 duża cebula, posiekana

1 ½ łyżeczki garam masala

łyżeczka kurkumy

½ łyżeczki cukru

Sól dla smaku

metoda

- Wymieszaj orzeszki ziemne i orzechy nerkowca i zmiel je. Odłożyć.
- Zmiel pomidory i zieloną paprykę razem. Odłożyć.
- Rozgrzej olej na patelni. Dodaj pastę imbirową i pastę czosnkową. Gotuj na średnim ogniu przez minutę. Dodać cebulę, garam masala, kurkumę, cukier i sól. Smaż mieszaninę przez 2-3 minuty.
- Dodaj mieszankę orzeszków ziemnych i nerkowców oraz mieszankę pomidorowo-paprykową. Dobrze wymieszaj. Przykryj pokrywką i gotuj na wolnym ogniu przez 15 minut. Podawać na gorąco.

Curry Aloo Matar

(Ziemniaki i groszek w curry)

Dla 4 osób

Składniki

1 ½ łyżki rafinowanego oleju roślinnego

1 łyżeczka nasion kminku

1 duża cebula, drobno posiekana

½ łyżeczki kurkumy

1 łyżeczka mielonej kolendry

1 łyżeczka mielonego kminku

1 łyżeczka chili w proszku

200 g przecieru pomidorowego

Sól dla smaku

2 duże ziemniaki, posiekane

400 g groszku

120 ml wody

metoda

- Rozgrzej olej w rondlu. Dodaj nasiona kminku. Pozwól im pluć przez 15 sekund. Dodaj cebulę. Smaż go na średnim ogniu, aż stanie się brązowy.
- Dodaj pozostałe składniki. Pozostawić do zagotowania na 15 minut. Podawać na gorąco.

Badshahi Baingana

(Królewski Bakłażan)

Dla 4 osób

Składniki

8 małych bakłażanów

Sól dla smaku

30 g/1 uncja ghee

2 duże cebule, pokrojone w plasterki

1 łyżka orzechów nerkowca

1 łyżka rodzynek

1 łyżeczka pasty imbirowej

1 łyżeczka pasty czosnkowej

1 łyżeczka mielonej kolendry

1 łyżeczka garam masala

łyżeczka kurkumy

200 g jogurtu

1 łyżeczka posiekanych liści kolendry

metoda

- Bakłażany przekrój wzdłuż na pół. Nacieramy je solą i odstawiamy na 10 minut. Odciśnij nadmiar wilgoci i ponownie odłóż na bok.
- Podgrzej ghee w rondlu. Dodać cebulę, orzechy nerkowca i rodzynki. Smażyć je na średnim ogniu, aż uzyskają złoty kolor. Odcedź i zachowaj.
- Do tego samego ghee dodaj bakłażany i smaż na średnim ogniu, aż będą miękkie. Odcedź i zachowaj.
- Dodaj pastę imbirową i pastę czosnkową do tego samego ghee. Smaż przez minutę. Włączyć pozostałe składniki. Gotuj przez 7-8 minut na średnim ogniu.
- Dodaj bakłażany. Gotuj na wolnym ogniu przez 2 minuty. Udekoruj smażoną cebulą, orzechami nerkowca i rodzynkami. Podawać na gorąco.

Ziemniaki z Garam Masalą

Dla 4 osób

Składniki

3 łyżki rafinowanego oleju roślinnego

1 duża cebula, drobno posiekana

10 ząbków czosnku, drobno posiekanych

½ łyżeczki kurkumy

1 łyżeczka garam masala

Sól dla smaku

3 duże ziemniaki, ugotowane i pokrojone w kostkę

240 ml/6 uncji wody

metoda

- Rozgrzej olej w rondlu. Dodaj cebulę i czosnek. Smaż przez 2 minuty.
- Dodaj pozostałe składniki i dobrze wymieszaj. Podawać na gorąco.

Tamil Korma

(Warzywa zmieszane z tamilskim)

Dla 4 osób

Składniki

4 łyżki rafinowanego oleju roślinnego

1 łyżeczka nasion kminku

2 duże ziemniaki, posiekane

2 duże marchewki, posiekane

100 g posiekanej fasolki szparagowej

Sól dla smaku

Na mieszankę przypraw:

100 g/3½ uncji świeżego kokosa, startego

4 zielone papryczki chili

100 g posiekanych liści kolendry

1 łyżeczka maku

1 łyżeczka pasty imbirowej

1 łyżeczka kurkumy

metoda

- Wszystkie składniki mieszanki przyprawowej zmiksować na gładką pastę. Odłożyć.
- Podgrzej olej. Dodaj nasiona kminku. Pozwól im pluć przez 15 sekund.
- Dodać resztę składników i zmieloną mieszankę przypraw. Gotuj przez 15 minut na małym ogniu, od czasu do czasu mieszając. Podawać na gorąco.

Suszony bakłażan z cebulą i ziemniakami

Dla 4 osób

Składniki

3 łyżki rafinowanego oleju roślinnego

1 łyżeczka nasion gorczycy

300 g bakłażana, posiekanego

łyżeczka kurkumy

3 małe cebule, drobno posiekane

2 duże ziemniaki, ugotowane i pokrojone w kostkę

1 łyżeczka chili w proszku

1 łyżeczka amchooru*

Sól dla smaku

metoda

- Rozgrzej olej w rondlu. Dodaj nasiona gorczycy. Pozwól im pluć przez 15 sekund.
- Dodaj bakłażany i kurkumę. Smażyć na małym ogniu przez 10 minut.
- Dodaj pozostałe składniki. Dobrze wymieszaj. Przykryj pokrywką i gotuj na wolnym ogniu przez 10 minut. Podawać na gorąco.

Koftasa Lajawaba

(Kluski serowe z sosem)

Dla 4 osób

Składniki

3 łyżki rafinowanego oleju roślinnego

3 duże cebule, starte

Korzeń imbiru 2,5 cm, zmielony

3 pomidory, puree

1 łyżeczka kurkumy

Sól dla smaku

120 ml wody

Dla kofty:

400 g sera Cheddar, puree

250 g mąki kukurydzianej

½ łyżeczki świeżo zmielonego czarnego pieprzu

1 łyżeczka garam masala

Sól dla smaku

Rafinowany olej roślinny do smażenia

metoda

- Wszystkie składniki kofty, oprócz oleju, wymieszaj razem. Podzielić na kulki wielkości orzecha włoskiego. Rozgrzej olej w rondlu. Dodaj kofty. Smażyć je na średnim ogniu, aż uzyskają złoty kolor. Odcedź i zachowaj.
- W rondlu rozgrzej 3 łyżki oleju. Dodać cebulę i smażyć, aż się zrumieni.
- Dodaj pozostałe składniki i dobrze wymieszaj. Gotuj przez 8 minut, od czasu do czasu mieszając. Dodaj kofty do tego sosu i podawaj na gorąco.

Teekha Baingan Masala

(Pikantny bakłażan)

Dla 4 osób

Składniki

2 łyżki rafinowanego oleju roślinnego

3 duże cebule, posiekane

10 ząbków zmiażdżonego czosnku

2,5 cm korzeń imbiru, starty

1 łyżeczka pasty z tamaryndowca

2 łyżki garam masali

Sól dla smaku

500 g małych bakłażanów, posiekanych

metoda

- W rondlu rozgrzej 2 łyżki oleju. Dodaj cebulę. Smażyć na średnim ogniu przez 3 minuty. Dodać czosnek, imbir, tamaryndowiec, garam masala i sól. Dobrze wymieszaj.
- Dodaj bakłażany. Dobrze wymieszaj. Przykryj pokrywką i gotuj na małym ogniu przez 15 minut, od czasu do czasu mieszając. Podawać na gorąco.

Kofta warzywna

(Kluski warzywne w sosie śmietanowym)

Dla 4 osób

Składniki

6 dużych ziemniaków, obranych i posiekanych

3 duże marchewki, obrane i posiekane

Sól dla smaku

Mąka do panierowania

2 łyżki rafinowanego oleju roślinnego plus trochę więcej do smażenia

3 duże cebule, pokrojone w cienkie plasterki

4 ząbki czosnku, drobno posiekane

2,5 cm korzenia imbiru, drobno posiekanego

4 goździki, zmielone

½ łyżeczki kurkumy

2 pomidory, puree

1 łyżeczka chili w proszku

4 łyżki crème fraîche

25 g/kilka liści kolendry, posiekanych

metoda

- Ziemniaki i marchewkę gotujemy w osolonej wodzie przez 15 minut. Odcedź i zachowaj bulion. Posolić warzywa i rozgnieść je.
- Podzielić puree na kulki wielkości cytryny. Oprósz mąką i usmaż kofty na oleju na średnim ogniu na złoty kolor. Odłożyć.
- W rondlu rozgrzej 2 łyżki oleju. Dodać cebulę, czosnek, imbir, goździki i kurkumę. Smażyć na średnim ogniu przez 4 do 5 minut. Dodać pomidory, chili w proszku i bulion warzywny. Gotuj na wolnym ogniu przez 4 minuty.
- Dodaj kofty. Udekoruj śmietaną i liśćmi kolendry. Podawać na gorąco.

Sucha dynia

Dla 4 osób

Składniki

3 łyżki rafinowanego oleju roślinnego

1 łyżeczka nasion kminku

łyżeczka kurkumy

łyżeczka mielonej kolendry

Sól dla smaku

750 g posiekanej dyni

60 ml wody

metoda

- Rozgrzej olej w rondlu. Dodaj nasiona kminku i kurkumę. Pozwól im pluć przez 15 sekund.
- Dodaj pozostałe składniki. Dobrze wymieszaj. Przykryj pokrywką i gotuj na wolnym ogniu przez 15 minut. Podawać na gorąco.

Różne warzywa z kozieradką

Dla 4 osób

Składniki

4-5 łyżek rafinowanego oleju roślinnego

1 łyżeczka nasion gorczycy

½ łyżeczki nasion kozieradki

2 duże cebule, drobno posiekane

2 duże słodkie ziemniaki, pokrojone w kostkę

4 małe bakłażany, pokrojone w kostkę

2 duże zielone papryki, pokrojone w kostkę

3 duże ziemniaki, pokrojone w kostkę

100 g posiekanej fasolki szparagowej

½ łyżeczki kurkumy

1 łyżeczka chili w proszku

2 łyżki pasty z tamaryndowca

1 łyżka posiekanych liści kolendry

8-10 liści curry

1 łyżeczka cukru

Sól dla smaku

750 ml/1¼ litra wody

metoda

- Rozgrzej olej w rondlu. Dodaj gorczycę i nasiona kozieradki. Pozwól im pluć przez 15 sekund. Dodaj cebulę. Smażyć, aż będzie przezroczysty.
- Dodać pozostałe składniki oprócz wody. Dobrze wymieszaj. Dodaj wodę. Pozostawić na wolnym ogniu na 20 minut. Podawać na gorąco.

Dum Gobhi

(Gotowany kalafior)

Dla 4 osób

Składniki

2,5 cm korzeń imbiru, w julienne

2 pomidory, drobno posiekane

łyżeczka kurkumy

1 łyżka jogurtu

½ łyżeczki garam masali

Sól dla smaku

800 g różyczek kalafiora

metoda

- Wymieszaj wszystkie składniki oprócz różyczek kalafiora.
- Umieść różyczki kalafiora w rondlu i polej je powstałą mieszanką. Przykryć pokrywką i dusić przez 20 minut, od czasu do czasu mieszając. Podawać na gorąco.

Chole

(Curry z ciecierzycy)

Dla 5 osób

Składniki

375 g ciecierzycy namoczonej przez noc

1 litr/1¾ pinty wody

Sól dla smaku

1 pomidor, drobno posiekany

3 małe cebule, drobno posiekane

1 ½ łyżki liści kolendry, drobno posiekanych

2 łyżki rafinowanego oleju roślinnego

1 łyżeczka nasion kminku

1 łyżeczka pasty imbirowej

1 łyżeczka pasty czosnkowej

2 liście laurowe

1 łyżeczka cukru

1 łyżeczka chili w proszku

½ łyżeczki kurkumy

1 łyżka ghee

4 zielone chilli, przekrojone wzdłuż

½ łyżeczki mielonego cynamonu

½ łyżeczki mielonych goździków

Sok z 1 cytryny

metoda

- Ciecierzycę wymieszać z połową wody i solą. Gotuj tę mieszaninę w rondlu na średnim ogniu przez 30 minut. Zdejmij z ognia i odcedź ciecierzycę.
- Zmiel 2 łyżki ciecierzycy z połową pomidora, jedną cebulą i połową liści kolendry na drobną pastę. Odłożyć.
- W dużym rondlu rozgrzej olej. Dodaj nasiona kminku. Pozwól im pluć przez 15 sekund.
- Dodać pozostałą cebulę, pastę imbirową i pastę czosnkową. Smażyć tę mieszaninę na średnim ogniu, aż cebula stanie się złotobrązowa.
- Dodać resztę pomidorów, liście laurowe, cukier, chili w proszku, kurkumę i pastę z ciecierzycy i pomidorów. Smaż tę mieszaninę na średnim ogniu przez 2-3 minuty.
- Do pozostałej wody dodać pozostałą ciecierzycę. Gotuj na wolnym ogniu przez 8-10 minut. Odłożyć.
- W małym rondlu podgrzej ghee. Dodaj zielone chilli, mielony cynamon i goździki. Pozwól im pluć przez 30 sekund. Wlać tę mieszaninę na ciecierzycę. Dobrze wymieszaj. Posyp wierzch chole sokiem z cytryny i pozostałymi liśćmi kolendry. Podawać na gorąco.

Curry z bakłażana z cebulą i ziemniakami

Dla 4 osób

Składniki

3 łyżki rafinowanego oleju roślinnego

2 duże cebule, drobno posiekane

1 łyżeczka pasty imbirowej

1 łyżeczka pasty czosnkowej

1 łyżeczka mielonej kolendry

1 łyżeczka mielonego kminku

1 łyżeczka chili w proszku

łyżeczka kurkumy

120 ml wody

Sól dla smaku

250 g małych bakłażanów

250 g młodych ziemniaków, przekrojonych na pół

50 g drobno posiekanych liści kolendry

metoda

- Rozgrzej olej w rondlu. Dodaj cebulę. Smażyć, aż będzie przezroczysty.
- Dodać pozostałe składniki oprócz liści kolendry. Dobrze wymieszaj. Pozostawić do zagotowania na 15 minut.
- Udekorować listkami kolendry. Podawać na gorąco.

Prosta tykwa z butelki

Dla 4 osób

Składniki

½ łyżki ghee

1 łyżeczka nasion kminku

2 zielone chilli, przekrojone wzdłuż

butelka na wodę 750g/1lb 10oz*, posiekana

Sól dla smaku

120 ml mleka

1 łyżka wiórków kokosowych

10 g/¼ uncji liści kolendry, drobno posiekanych

metoda

- Podgrzej ghee w rondlu. Dodaj nasiona kminku i zielone chilli. Pozwól im pluć przez 15 sekund.
- Dodaj tykwę, sól i mleko. Gotuj na wolnym ogniu przez 10-12 minut.
- Dodaj pozostałe składniki. Dobrze wymieszaj. Podawać na gorąco.

Mieszanka curry warzywna

Dla 4 osób

Składniki

3 łyżki rafinowanego oleju roślinnego

1 łyżeczka nasion kminku

1 łyżeczka mielonej kolendry

½ łyżeczki mielonego kminku

1 łyżeczka chili w proszku

łyżeczka kurkumy

½ łyżeczki cukru

1 marchewka, pokrojona w paski

1 duży ziemniak, pokrojony w kostkę

200 g posiekanej fasolki szparagowej

50 g różyczek kalafiora

Sól dla smaku

200 g przecieru pomidorowego

120 ml wody

10 g/¼ uncji liści kolendry, drobno posiekanych

metoda

- Rozgrzej olej w rondlu. Dodać nasiona kminku, mieloną kolendrę i mielony kminek. Pozwól im pluć przez 15 sekund.
- Dodać pozostałe składniki oprócz liści kolendry. Dobrze wymieszaj. Pozostawić do zagotowania na 15 minut.
- Udekoruj curry liśćmi kolendry. Podawać na gorąco.

Suszone warzywa mieszane

Dla 4 osób

Składniki

3 łyżki rafinowanego oleju roślinnego

1 łyżeczka nasion kminku

1 łyżeczka mielonej kolendry

½ łyżeczki mielonego kminku

łyżeczka kurkumy

1 marchewka, pokrojona w julienne

1 duży ziemniak, pokrojony w kostkę

200 g posiekanej fasolki szparagowej

60 g różyczek kalafiora

Sól dla smaku

120 ml wody

10 g posiekanych liści kolendry

metoda

- Rozgrzej olej w rondlu. Dodaj nasiona kminku. Pozwól im pluć przez 15 sekund.
- Dodać pozostałe składniki oprócz liści kolendry. Dobrze wymieszaj i gotuj przez 15 minut na małym ogniu.
- Udekorować listkami kolendry i podawać na gorąco.

Ziemniaki i suszony groszek

Dla 4 osób

Składniki

3 łyżki rafinowanego oleju roślinnego

1 łyżeczka nasion kminku

½ łyżeczki kurkumy

1 łyżeczka garam masala

2 duże ziemniaki, ugotowane i pokrojone w kostkę

400 g gotowanego groszku

Sól dla smaku

metoda

- Rozgrzej olej w rondlu. Dodaj nasiona kminku i kurkumę. Pozwól im pluć przez 15 sekund.
- Dodaj pozostałe składniki. Smażyć na średnim ogniu przez 5 minut. Podawać na gorąco.

Dhokar Dhalna

(Bengalskie Gram Curry)

Dla 4 osób

Składniki

Chana Dhal 300 g/10 uncji*, przemoczony całą noc

2 łyżki oleju musztardowego

1 łyżeczka nasion kminku

Sól dla smaku

5 cm/2 cale cynamonu

4 zielone strąki kardamonu

6 goździków

½ łyżeczki kurkumy

½ łyżeczki cukru

250 ml wody

3 duże ziemniaki, pokrojone w kostkę i usmażone

metoda

- Zmiel chana dhal z wystarczającą ilością wody, aby uzyskać gładką pastę. Odłożyć.
- W rondlu rozgrzej połowę oleju. Dodaj połowę nasion kminku. Pozwól im pluć przez 15 sekund. Dodaj pastę dhal i sól. Smaż przez 2-3 minuty. Odcedzić, rozłożyć na dużym talerzu i odstawić. Pokroić na kawałki o długości 2,5 cm. Odłożyć.
- Smażyć kawałki dhalu na pozostałym oleju na złoty kolor. Odłożyć.
- Na tym samym oleju dodać pozostałe składniki oprócz ziemniaków. Gotuj przez 2 minuty. Dodaj ziemniaki i kawałki dhalu. Dobrze wymieszaj. Gotuj na małym ogniu przez 4-5 minut. Podawać na gorąco.

Pikantne Smażone Ziemniaki

Dla 4 osób

Składniki

250 ml rafinowanego oleju roślinnego

3 duże ziemniaki, pokrojone w cienkie paski

½ łyżeczki chili w proszku

1 łyżeczka świeżo zmielonego czarnego pieprzu

Sól dla smaku

metoda

- Rozgrzej olej w rondlu. Dodaj paski ziemniaków. Smażyć je na średnim ogniu, aż uzyskają złoty kolor.
- Odcedź i dobrze wymieszaj z resztą składników. Podawać na gorąco.

Gotowana dynia gramowa

Dla 4 osób

Składniki

1 łyżka rafinowanego oleju roślinnego

1 łyżeczka nasion kminku

½ łyżeczki kurkumy

500 g dyni pokrojonej na kawałki

125 g/4½ uncji kaala chana*, ugotowane

1 łyżeczka mielonej kolendry

1 łyżeczka mielonego kminku

1 łyżeczka chili w proszku

Sól dla smaku

120 ml wody

10 g/¼ uncji liści kolendry, drobno posiekanych

metoda

- Rozgrzej olej w rondlu. Dodaj nasiona kminku i kurkumę. Pozwól im pluć przez 15 sekund.
- Dodać resztę składników oprócz wody i liści kolendry. Smaż mieszaninę na średnim ogniu przez 2-3 minuty.
- Dodaj wodę. Dobrze wymieszaj. Przykryć pokrywką i dusić przez 15 minut, od czasu do czasu mieszając.
- Udekorować listkami kolendry. Podawać na gorąco.

Dum Aloo

(Ziemniaki Wolno Gotujące się)

Dla 4 osób

Składniki

1 łyżka rafinowanego oleju roślinnego

500 g młodych ziemniaków, ugotowanych i obranych

Sól dla smaku

1 łyżeczka pasty z tamaryndowca

Na ciasto:

½ łyżeczki chili w proszku

łyżeczka kurkumy

¼ łyżeczki czarnego pieprzu

2 łyżeczki nasion kolendry

1 czarny kardamon

2,5 cm/1 w cynamonie

2 goździki

6 ząbków czosnku

metoda

- Składniki ciasta zmiksować razem. Rozgrzej olej na patelni. Dodaj pastę. Smażyć na średnim ogniu przez 10 minut.
- Dodaj pozostałe składniki. Dobrze wymieszaj. Gotuj przez 8 minut. Podawać na gorąco.

Makkhanwala warzywna

(Warzywa z masłem)

Dla 4 osób

Składniki

120 ml płynnego kremu

½ łyżeczki zwykłej białej mąki

120 ml mleka

4 łyżki ketchupu

1 łyżka masła

2 duże cebule, drobno posiekane

500 g/1 funt 2 uncje mieszanych mrożonych warzyw

1 łyżeczka garam masala

½ łyżeczki chili w proszku

Sól dla smaku

metoda

- Wymieszaj śmietanę, mąkę, mleko i ketchup. Odłożyć.
- W rondlu rozgrzej masło. Dodaj cebulę. Smaż je na średnim ogniu, aż staną się półprzezroczyste.
- Dodaj warzywa, garam masala, chili w proszku, sól i mieszaninę śmietany i mąki. Dobrze wymieszaj. Gotuj

na wolnym ogniu przez 10-12 minut. Podawać na gorąco.

Fasolka szparagowa z mung dhal

Dla 4 osób

Składniki

1 łyżka rafinowanego oleju roślinnego

1 łyżeczka nasion gorczycy

łyżeczka kurkumy

2 zielone chilli, przekrojone wzdłuż

400 g posiekanej fasolki szparagowej

3 łyżki mung dhal*, namoczyć przez 30 minut i odcedzić

Sól dla smaku

120 ml wody

2 łyżki posiekanych liści kolendry

metoda

- Rozgrzej olej w rondlu. Dodaj nasiona gorczycy, kurkumę i zielone chilli. Pozwól im pluć przez 15 sekund.
- Dodać resztę składników oprócz wody i liści kolendry. Dobrze wymieszaj. Dodaj wodę. Pozostawić do zagotowania na 15 minut.
- Dodaj liście kolendry i podawaj na gorąco.

Pikantne ziemniaki z sosem jogurtowym

Dla 4 osób

Składniki

1 łyżeczka besanu*zmieszany z 4 łyżkami wody

200 g jogurtu

750 g ziemniaków, ugotowanych i pokrojonych w kostkę

½ łyżeczki chaat masala*

½ łyżeczki łyżeczka mielonego kminku, prażonego na sucho (patrz technik gotowania)

½ łyżeczki chili w proszku

łyżeczka kurkumy

1 łyżka rafinowanego oleju roślinnego

1 łyżeczka białego sezamu

2 suszone czerwone papryki, pokrojone w ćwiartki

Sól dla smaku

10 g/¼ uncji liści kolendry, drobno posiekanych

metoda

- Wymieszaj pastę besan z jogurtem. Odłożyć.
- Ziemniaki wymieszaj z chaat masala, mielonym kminkiem, chili w proszku i kurkumą. Odłożyć.
- Rozgrzej olej w rondlu. Dodaj nasiona sezamu i kawałki chili. Pozwól im pluć przez 15 sekund.
- Dodać ziemniaki, mieszankę jogurtową i sól. Dobrze wymieszaj. Gotuj na wolnym ogniu przez 4-5 minut. Udekorować listkami kolendry. Podawać na gorąco.

Faszerowana zielona papryka

Dla 4 osób

Składniki

4 łyżki rafinowanego oleju roślinnego

1 duża cebula, zmielona

½ łyżeczki pasty imbirowej

½ łyżeczki pasty czosnkowej

1 łyżeczka garam masala

2 duże ziemniaki, ugotowane i zmiksowane

50 g gotowanego groszku

1 mała marchewka, ugotowana i posiekana

Szczypta asafetydy

Sól dla smaku

8 małych zielonych papryczek pozbawionych nasion

metoda

- Na patelni rozgrzej ½ łyżki oleju. Dodaj cebulę i smaż, aż będzie przezroczysta.
- Dodać pozostałe składniki oprócz papryki. Dobrze wymieszaj. Smaż przez 3-4 minuty.
- Włóż tę mieszaninę do papryki. Odłożyć.
- Na patelni rozgrzej pozostały olej. Dodać faszerowaną paprykę. Smaż je na małym ogniu przez 7 do 10 minut, od czasu do czasu obracając. Podawać na gorąco.

Doi Phulkopi Aloo

(Kalafior po bengalsku i ziemniaki jogurtowe)

Dla 4 osób

Składniki

300 g jogurtu

łyżeczka kurkumy

1 łyżeczka cukru

Sól dla smaku

200 g różyczek kalafiora

4 ziemniaki pokrojone w kostkę i lekko podsmażone

2 łyżki oleju musztardowego

5 cm/2 cale cynamonu

4 zielone strąki kardamonu

6 goździków

2 liście laurowe

metoda

- Wymieszaj jogurt, kurkumę, cukier i sól. Marynuj kalafior i ziemniaki w tej mieszance przez 20 minut.
- Rozgrzej olej w rondlu. Smaż pozostałe składniki przez 1-2 minuty.
- Dodaj marynowane warzywa. Gotuj na małym ogniu przez 6-7 minut. Podawać na gorąco.

Zielony Pieprz Z Besan

Dla 4 osób

Składniki

4 łyżki rafinowanego oleju roślinnego

½ łyżeczki nasion gorczycy

500 g zielonej papryki, pozbawionej nasion i posiekanej

½ łyżeczki kurkumy

½ łyżeczki mielonej kolendry

½ łyżeczki mielonego kminku

500 g/1 funt i 2 uncje besan*, zmieszany ze 120 ml/4 uncji wody

1 łyżeczka cukru

Sól dla smaku

1 łyżka liści kolendry

metoda

- Rozgrzej olej w rondlu. Dodaj nasiona gorczycy. Pozwól im pluć przez 15 sekund.
- Dodać zieloną paprykę, kurkumę, mieloną kolendrę i mielony kminek. Dobrze wymieszaj. Przykryj pokrywką i gotuj na wolnym ogniu przez 5-7 minut.
- Dodaj fasolę, cukier i sól. Mieszaj, aż besan pokryje paprykę. Udekorować listkami kolendry. Podawać na gorąco.

Bakłażan Z Groszkiem

Dla 4 osób

Składniki

2 łyżki rafinowanego oleju roślinnego

½ łyżeczki nasion gorczycy

Szczypta asafetydy

½ łyżeczki kurkumy

2 duże cebule, drobno posiekane

2 pomidory, drobno posiekane

1 łyżeczka cukru

Sól dla smaku

120 ml wody

300 g małych bakłażanów, posiekanych

400 g/14 uncji świeżego zielonego groszku

25g/kilka liści kolendry 1 uncja

metoda

- Rozgrzej olej w rondlu. Dodaj nasiona gorczycy, asafetydę i kurkumę. Pozwól im pluć przez 15 sekund.
- Dodaj cebulę. Smażyć aż do zrumienienia. Dodać pomidory, cukier, sól, wodę, bakłażan i groszek. Dobrze wymieszaj. Przykryj pokrywką. Pozostawić do zagotowania na 10 minut.
- Udekorować listkami kolendry. Podawać na gorąco.

Bandakopir Ghonto

(Kapusta po bengalsku z groszkiem)

Dla 4 osób

Składniki

2 łyżki oleju musztardowego

1 łyżeczka nasion kminku

4 zielone chilli, posiekane

½ łyżeczki kurkumy

1 łyżeczka cukru

150 g kapusty, pokrojonej w cienkie plasterki

400 g mrożonego groszku

Sól dla smaku

¼ łyżeczki mielonego cynamonu

łyżeczka mielonego kardamonu

łyżeczka zmielonych goździków

metoda

- Rozgrzej olej w rondlu. Dodaj nasiona kminku i zielone chilli. Pozwól im pluć przez 15 sekund.
- Dodać kurkumę, cukier, kapustę, groszek i sól. Dobrze wymieszaj. Przykryj pokrywką i gotuj na małym ogniu przez 8-10 minut.
- Udekoruj mielonym cynamonem, kardamonem i goździkami. Podawać na gorąco.

www.ingramcontent.com/pod-product-compliance
Lightning Source LLC
Chambersburg PA
CBHW071903110526
44591CB00011B/1523